Anton Ochsenkühn

Das iPad Lehrerhandbuch

Anton Ochsenkühn

Das iPad Lehrerhandbuch

ISBN 978-3-95431-075-3

Hergestellt in Deutschland

Trotz sorgfältigen Lektorats schleichen sich manchmal Fehler ein. Autoren und Verlag sind Ihnen dankbar für Anregungen und Hinweise!

amac-buch Verlag
Erlenweg 6
D-86573 Obergriesbach
E-Mail: info@amac-buch.de
http://www.amac-buch.de
Telefon +49(0) 82 51/82 71 37
Telefax +49(0) 82 51/82 71 38

Inhalt

Kapitel 2 – Apps für das iPad 43

Vorwort

Das iPad im schulischen Alltag

Ein Tablet ist klein, leicht, dünn und hat eine lange haltende Batterie – alles Vorteile gegenüber dem etablierten Laptop oder Netbook. Doch der größte Vorteil ist das Bedienkonzept. Mit dem Finger „begreifen“ Kinder und Jugendlichte deutlich schneller; die Wisch- und Kneifbewegungen sind intuitiver als eine Bedienung mit Maus oder Trackpad. Zudem ist die heranwachsende Generation in ihrer Freizeit bereits mit modernen Medien vertraut und kann nun dieses Wissen aber auchgewinnbringend in den Schulalltag übernommen werden.

Der kabellose Internetzugang und die einfache Softwareinstallation der sogenannten Apps über einen App-Store oder den Apple School Manager (*http://school.apple.com*) eröffnen nahezu unendliche Anwendungsmöglichkeiten. So können Schüler mit dem Tablet lernen, kreativ sein und Gruppenarbeiten via Apple TV und Beamer ganz einfach präsentieren.

Schüler können zudem ihre eigenen interaktiven Lehrbücher erstellen (mit der App Book Creator). Aber auch für Schulbuchverlage ist das Tablet eine Chance: In etlichen Fächern sind Lehrbuchinhalte bereits überholt, wenn das Papier von der Druckrolle läuft. Digitale Schulbücher lassen sich schneller editieren, rufen aktuelle Daten aus dem Internet ab und verdeutlichen mit audiovisuellen Inhalten komplexe Zusammenhänge weitaus anschaulicher.

Diese Gründe sprechen für einen iPad-Einsatz:

- *Hardware:* Alle Nutzer haben die gleichen Anwendungsmöglichkeiten, wenn das Gerät von einem Hersteller stammt. Android-Geräte werden von unterschiedlichen Herstellern angeboten. Die unterschiedlichen Bildschirme, Kameras, Prozessoren und andere Bauteile stellen Inhalte unterschiedlich dar und unterstützen bestimmte Apps oder Funktionen nicht.
- *Betriebssystem-Versionen:* Apps stellen Mindestanforderungen an die Version des Betriebssystems. Die Android-Welt ist stark fragmentiert. Geräte werden nicht immer mit der neuesten verfügbaren Version ausgeliefert und die Möglichkeiten für ein Update sind häufig aufgrund der Hardware begrenzt.
- *Apps:* Nicht alle benötigten Apps sind in allen App-Stores der unterschiedlichen Plattformen verfügbar. Selbst wenn es eine App für

Android, iOS und Windows geben sollte, kann sich die Menüstruktur und damit die Bedienung von Gerät zu Gerät unterschiedlich gestalten.

- *Schadsoftware:* Bislang sind im Apple App-Store keine Viren, Würmer oder andere Schadsoftware in Apps aufgetaucht.
- *Bezahlsystem:* Mit dem Programm für Volumenlizenzen (VPP) bietet Apple attraktive Konditionen für den App-Kauf (50 Prozent Rabatt) sowie die Möglichkeit einer zentralen App-Administration. Alternativ bietet Apple sowohl mit den iTunes-Guthabenkarten als auch mit dem Taschengeldkonto praktische individuelle Lösungen, die keiner Kreditkarte bedürfen.
- *Anwendungsdauer bzw. Wiederverkauf:* Apple garantiert, dass iPad-Geräte über mehrere Jahre hinweg mit aktueller Software versorgt werden. Deshalb können iPads im Regelfall 3 bis 4 oder mehr Jahre an der Schule eingesetzt werden. Doch auch danach erzielen gebrauchte Apple-Geräte einen höheren Wiederverkaufswert als Tablets aller anderen Hersteller.

10 Vorteile des iPads gegenüber Desktop-Geräten

1. *Akkulaufzeit*
   Ein iPad Air läuft bis zu 10 Stunden mit einer Akkuladung. Da kann kein Netbook oder Laptop mithalten.
2. *User-Interface mit Touchscreen*
   Die Hand-Auge-Koordination mit Bildschirm und Maus zu erlernen, ist für Einsteiger eine erste Hürde. Dinge mit dem Finger zu berühren, ist schneller gelernt und viel natürlicher.
3. *Kindersicherungen bzw. MDM-Lösungen*
   Lehrer bzw. Eltern können in den *Einstellungen* (*Einstellungen -> Bildschirmzeit*) Einschränkungen beim Zugriff aufs Apps, Medien und Webseiten vornehmen, sodass der Nutzer nur altersgerechte Inhalte zu sehen bekommt. Professionelle Lösungen hören auf den Namen MDM (Mobile Device Management, siehe z. B. *www.zuludesk.com*) und bieten detailreiche Einstelloptionen an, sodass Kinder jeden Alters nur für sie gedachte sinnvolle Inhalte am iPad zu Gesicht bekommen.
4. *Sicherheit*
   Das geschlossene App-System mag auch Nachteile haben, doch es hat einen wesentlichen Vorteil: Durch den intensiven App-Zulassungsprozess seitens Apple sind bislang keine Viren, Würmer oder andere Schadsoftware in Anwendungen aufgetaucht.

Mit der Funktion „Mein iPad suchen“ kann ein verlegtes oder entwendetes Gerät geortet und aus der Ferne gesperrt bzw. gelöscht werden.

5. *App-Vielfalt*
   Der Erfolg von Apples mobilen Geräten macht es auch für Entwickler interessant, Apps für sie zu entwickeln. Hinzu kommt das verlässliche Abrechnungssystem, das Entwicklern eine globale Vertriebsmöglichkeit bietet. Es gibt etwa zwei Millionen Anwendungen im App-Store, davon circa eine halbe Million speziell für das iPad und Hunderttausende, die für den Bildungsbereich sinnvoll sind. Einige sinnvolle Apps stelle ich in diesem Buch vor.
6. *Challenge Based Learning*
   Frontalunterricht sowie das Auswendiglernen aus gedruckten Lehrbüchern ist für Schüler, die immer und überall Zugriff auf das sich verändernde Wissen der Welt haben, irrelevant. Beim Challenge Based Learning erhalten Schüler Aufgaben und Herausforderungen, die sie in der Gruppe lösen und danach der Klassengemeinschaft präsentieren. Für die Informationssammlung, -aufbereitung und -präsentation eignet sich das iPad ganz hervorragend.
7. *Mobilität*
   Das iPad ist leicht (ab ca. 470 Gramm), klein und jederzeit betriebsbereit. Über WLAN oder das Mobilfunknetz hat der Nutzer Zugriff sowohl auf das Internet als auch auf seine Daten, die er eventuell auf anderen Geräten erstellt hat.
8. *Konstruktivistisches Lernen*
   Das iPad ermöglicht eine Selbstorganisation des Lernprozesses. Der Lernende konstruiert dabei individuelle und subjektive Lösungen für eine gestellte Aufgabe. Durch diesen Konstruktionsprozess erarbeiten sich Schüler selbstständig neues Wissen.
9. *Vorteile des App-Stores*
   Zugelassene Apps wurden technisch und inhaltlich geprüft. Apple hat recht strenge Vorschriften, was politische Ansichten, Sexualität und Gewaltdarstellung in Apps angeht.
10. *Reibungsloses Zusammenspiel*
    Apple ist ein geschlossener Kosmos. Das mag man kritisch beurteilen, doch dafür funktioniert das Zusammenspiel zwischen den Geräten mit dem angebissenen Apfel reibungslos. Damit können sich Lehrer auf die Vermittlung der Kenntnisse konzentrieren und müssen keine IT-Experten werden.

Schulen, in denen iPads seit vielen Jahren im Einsatz sind, bestätigen die Vorteile der iPad-Infrastruktur – aber sehen Sie selbst: *https://www.youtube.com/watch?v=EIpGyn0a-Y8*

Wie geht es nun weiter? Wenn Sie iPads im Unterricht einsetzen möchten, müssen Sie die wichtigsten Funktionen dieses Gerätes kennen, um sich nicht vor den Schülern zu blamieren und auch hier und da mal aushelfen zu können. Deshalb erhalten Sie im 1. Kapitel des Buches eine Übersicht über die wichtigsten Bedienfunktionen von iOS, die Sie auch praktisch im Unterricht nutzen können. Neben der textuellen Beschreibung finden Sie Links zu Videos (in Form von QR-Codes), die Ihnen wichtige Dinge „live" am lebenden Objekt demonstrieren.

Es folgt das 2. Kapitel mit grundlegenden Apps und einer ausführlicheren Beschreibung der Funktionalität. In Kapitel 3 liste ich Ihnen eine Fülle von Apps auf, die Sie je nach Schultyp und Unterrichtsfach einsetzen können. Den Abschluss bildet Kapitel 4 mit weiteren Ressourcen, die über das Internet zugänglich sind. Dies sind zum einen E-Books, die beispielsweise Unterichtsszenarien unter Verwendung von iPads zeigen, aber auch Berichte von Schulen, die bereits iPads einsetzen und ihre Erfahrungen im Internet teilen.

Ich wünsche Ihnen viel Freude beim Einsatz von iPads an Ihrer Schule, und vielleicht geht es Ihnen dann so wie anderen Kollegen, die es bereut haben, nicht schon früher die Vorzüge des digitalen Lernens in den Schulalltag integriert zu haben.

Mit lieben Grüßen

Anton Ochsenkühn, im Mai 2019 (ochsenkuehn@icloud.com)

PS: Als Apple Teacher und APL Specialist (Apple Professional Learning Specialist) bin ich oft in Schulen unterwegs und begleite die Einführung von iPad-Technologie. Deshalb sind mir die Probleme und Fragestellungen aus der Praxis bekannt. In diesem Buch habe ich alles zusammengetragen, was auch an anderer Stelle bereits hilfreich war.

PPS: Sie finden in diesem Buch viele QR-Codes, die auf Inhalte im Internet verweisen. Wie können diese genutzt werden?

- Wenn Sie ein iPhone oder iPad besitzen, dann starten Sie einfach die Kamera-App. Visieren Sie den QR-Code an und sofort erscheint ein weißer Rahmen, der sich gelb färbt, sobald der Code erkannt wurde. Am oberen Displayrand sehen Sie eine Meldung, die Sie antippen sollten, um die entsprechende Webseite zu öffnen.
- Android-Phones bzw. Tablets: Viele Geräte haben die Scannerfunktion ebenfalls integriert, so dass auch hier einfach nur die Kamera-App zu starten ist und der Code damit fixiert werden kann. Alternativ finden Sie in *Googles Play Store* (*play.google.com*) jede Menge QR Code Reader.
- Wenn Sie einen Computer inklusive Kamera besitzen, dann benötigen Sie ebenfalls eine App. Mac-Anwender können *QR Journal* verwenden (*https://itunes.apple.com/de/app/qr-journal/id483820530?mt=12*) und Windows-User können *CodeTwo QR Code* (*https://www.codetwo.de/freeware/qr-code-desktop-reader/*) nutzen.

Kapitel 1 Bedienung

Ein iPad mit seinem Betriebssystem (namens iOS) ist sehr einfach zu bedienen und deshalb auch für den Schulbetrieb optimal geeignet. Auf den folgenden Seiten zeige ich Ihnen die wichtigsten Funktionen in Wort, Bild und auch in Kurzfilmen. Über den jeweiligen QR-Code bzw. Hyperlink können Sie sich die entsprechenden Videos online ansehen und parallel ganz einfach die gezeigten Dinge direkt auf Ihrem iPad ausprobieren.

Denn es macht ja durchaus Sinn, dass Sie – bevor Sie das allererste Mal Unterricht mit iPads abhalten – sich selbst fit machen, um souverän vor Ihrer Klasse zu stehen.

Ein iPad kann übrigens noch viel mehr, als das, was Sie nun in Kapitel 1 und auch 2 (Vorstellung wichtiger Standard-Apps) vorfinden. Aber aus der Praxis weiß ich, dass Sie mit diesem Rüstzeug schon mal gut ausgestattet sein werden und dass Ihre Unterrichtsstunden funktionieren werden.

Wenn Sie darüber hinaus einfach alles über das iPad wissen möchten, dann habe ich eine Buchempfehlung: „Das iPad iOS 12 Handbuch" (ISBN: 978-3954310647 – für 19,95 Euro). Dort finden Sie alles haarklein und detailliert beschrieben, und den Autor des Buches kennen Sie obendrein auch schon. ;-)

Die Tasten

Damit Sie das iPad effektiv bedienen können, ist es wichtig, die Funktionen der Tasten zu kennen. Das iPad hat insgesamt vier bzw. fünf Tasten mit unterschiedlichen Funktionen:

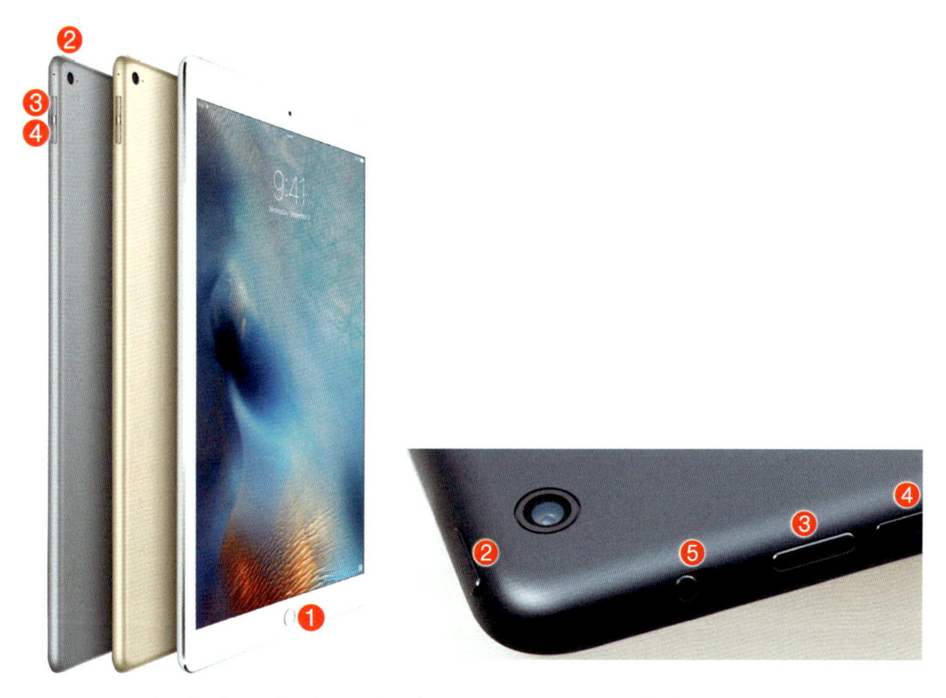

Die vier bzw. fünf verschiedenen Tasten eines iPads (Foto: Apple)

❶ *Home-Taste:* Sie enthält nicht nur den Sensor für die Touch ID zum Entsperren per Fingerabdruck, sondern wird zum Aufwecken des iPads und zum Aufrufen des Home-Bildschirms verwendet. Jedes Mal, wenn Sie diese Taste drücken, verlassen Sie die aktuelle App und gelangen zum Home-Bildschirm zurück. Ein zweifaches Drücken hintereinander öffnet die Multitaskingleiste (bzw. den sogenannten App-Umschalter).

❷ *Stand-by-Taste*: Damit wird das iPad ein- und ausgeschaltet sowie in den Stand-by-Modus versetzt und auch wieder aufgeweckt.

❸/❹ *Lauter* und *Leiser* : Mit diesen Tasten regeln Sie die Lautstärke des iPads. Allerdings werden diese Tasten auch beim Fotografieren verwendet und ersetzen in der App *Kamera* die Funktion des Auslösers.

❺ *Seitenschalter* (nicht beim iPad Pro, iPad Air bzw. iPad mini 4 oder neueren Geräten): Dieser Schalter kann entweder die *Ausrichtungssperre* oder die Funktion *Ton aus* besitzen. Sie können seine Funktion unter *Einstellungen –> Allgemein –> Seitenschalter* definieren.

In einem Video zeige ich Ihnen, wie einfach Sie das iPad über die *Home-Taste* und das Display bedienen können.

Automatische Sperre

Wenn Sie das iPad manuell über die Stand-by-Taste in den Ruhezustand versetzen, muss das nicht bedeuten, dass es auch gesperrt wird. Wenn Sie nur mit einem Code arbeiten, hängt es von der Einstellung *Code anfordern* ab, ab welchem Zeitpunkt die Sperre aktiv wird. Unter *Einstellungen –> Anzeige & Helligkeit –> Automatische Sperre* können Sie den Zeitraum festlegen, nach dem das iPad in den Ruhezustand geht und gesperrt wird.

Falls Sie weder einen Code noch Touch ID aktiviert haben, wird mit der automatischen Sperre nur der Ruhezustand aktiviert. Allerdings ist nach einem Neustart die Codeeingabe zwingend erforderlich.

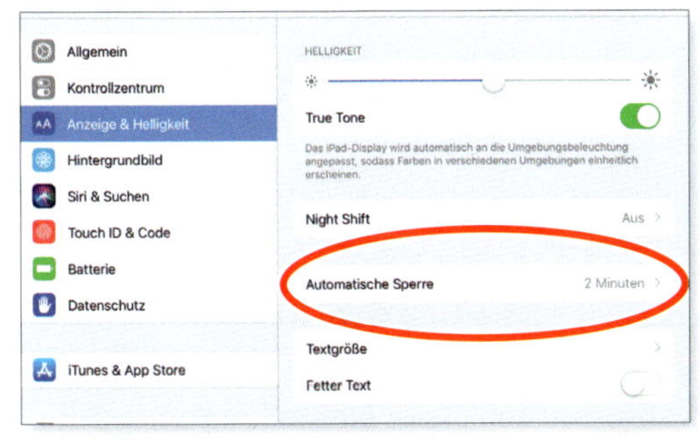

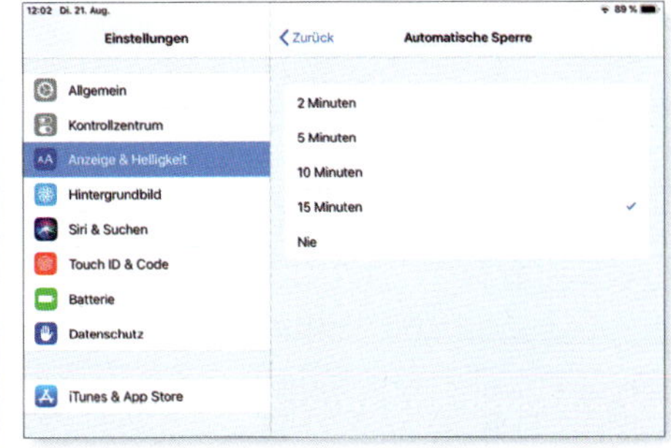

Die „Automatische Sperre" versetzt das iPad in den Ruhezustand und sperrt es dabei.

Für iPads, die in verschiedenen Klassen zum Einsatz kommen sollen, ist die Code-Sperre zu deaktivieren, damit jeder Schüler mit jedem iPad gleich loslegen kann.

Darstellung der Oberfläche

Ein wichtiger Punkt bei der Nutzung des iPads ist das Aussehen der Oberfläche. Das Aussehen umfasst nicht nur die Auswahl des Hintergrundbildes (*Einstellungen –> Hintergrundbild*), sondern auch die Helligkeit und die Anzeigegröße von Text.

Textgröße

Auf dem iPad lässt sich die Größe von Text einstellen. Allerdings betrifft das nicht alle Texte in allen Apps, sondern nur diejenigen Apps, die eine dynamische Textgröße unterstützen, z. B. *Mail* oder *Notizen*. Besonders bei Apps von anderen Herstellern kann das Ändern der Textgröße unter Umständen keine Auswirkung haben.

Öffnen Sie *Einstellungen –> Anzeige & Helligkeit* und tippen Sie anschließend auf die Option *Textgröße*.

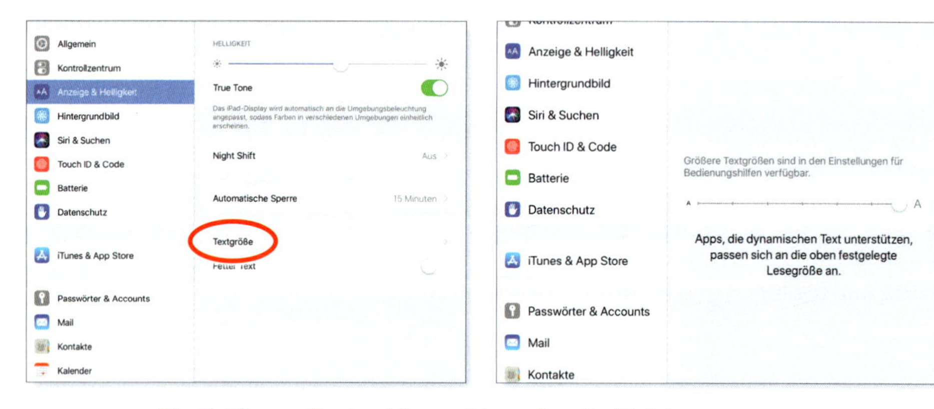

Die Größe von Texten können Sie an Ihre Bedürfnisse anpassen.

!

Falls Sie noch größeren Text haben wollen, müssen Sie zu **Einstellungen –> Allgemein –>Bedienungshilfen –> Größerer Text** wechseln. Dort gibt es einen weiteren Schieberegler, mit dem Sie den Text noch größer machen können, wenn Sie die Option **Größerer dynamischer Text** einschalten.

Helligkeit

Die Helligkeit des Displays kann unter *Einstellungen –> Anzeige & Helligkeit* justiert werden. Dort befindet sich ein Schieberegler zum Ändern der Helligkeit. Außerdem gibt es noch die Funktion *Auto-Helligkeit* (*Einstellungen –> Allgemein –> Bedienungshilfen –> Display-Anpassungen*) bzw. *True Tone* (beim iPad Pro 9,7 Zoll und 10,5 Zoll oder neuer), die die Helligkeit des Displays automatisch an das Umgebungslicht anpasst.

> **!** Einen schnellen Zugriff auf die Display-Helligkeit haben Sie im **Kontrollzentrum**. Dort gibt es einen eigenen Schieberegler für die Helligkeit.

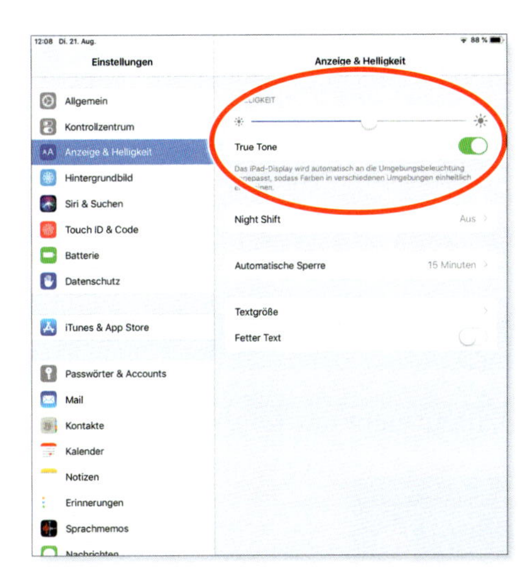

Die Helligkeit des Displays können Sie sowohl in den „Einstellungen" als auch im Kontrollzentrum ändern.

Das Kontrollzentrum

Das Kontrollzentrum ist eine zentrale Schnittstelle, die einen schnellen Zugriff auf einige der am häufigsten verwendeten Funktionen und Einstellungen bietet. Das Kontrollzentrum kann folgendermaßen eingeblendet werden: Schieben Sie mit einem Finger die Akku- und WLAN-Anzeige in der rechten oberen Ecke nach unten. Dabei sollten Sie mit dem Wischen außerhalb des Displays beginnen.

Sehen Sie deshalb im nächsten Film, wie das Kontrollzentrum nutzbringend eingesetzt werden kann und was es mit den sogenannten QR-Codes auf sich hat.

> **!** Sie können den Zugriff auf das Kontrollzentrum innerhalb einer App auch beschränken. Dazu müssen Sie unter **Einstellungen -> Kontrollzentrum** die Option **Zugriff von Apps aus** ausschalten. Damit haben Sie nur über den Home-Bildschirm Zugriff auf das Kontrollzentrum.

Kontrollzentrum anpassen

Wenn alle Funktionen eingeblendet sind, dann sieht das Kontrollzentrum wie folgt aus:

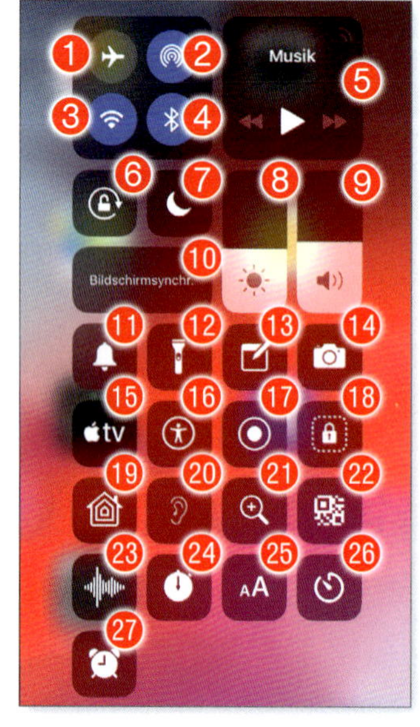

Das Kontrollzentrum mit allen Funktionen.

1. *Flugmodus* ein- oder ausschalten: Bei eingeschaltetem Flugmodus wird jegliche Kommunikation unterbunden.
2. *AirDrop* dient zum Datenaustausch zwischen Apple-Geräten.
3. *WLAN* bis zum nächsten Tag ein- und ausschalten
4. *Bluetooth* ein- und ausschalten, ansonsten gilt das Deaktivieren genauso wie bei WLAN nur bis zum nächsten Tag.
5. *Musiksteuerung*
6. *Rotationssperre:* Wenn Sie die Rotationssperre aktivieren, wird die Darstellung des iPads fixiert. Wenn Sie es vom Hoch- ins Querformat drehen, wird das Display nicht neu ausgerichtet.
7. *Nicht stören*
8. Die *Display-Helligkeit* steuern und *Night Shift* und *True Tone* ein- und ausschalten
9. *Lautstärkeregler*
10. Die *AirPlay*-Funktionen für die Display-Synchronisation ein- und ausschalten bzw. das Ausgabegerät auswählen
11. *Stummschalten*
12. *Taschenlampe*
13. Die *Notizen* öffnen
14. Die *Kamera* öffnen
15. Die Steuerung für das *Apple TV* öffnen. Damit lässt sich ein verbundenes Apple TV steuern.
16. Die *Bedienungshilfen-Kurzbefehle* öffnen
17. *Bildschirmaufnahme* erstellen
18. Die Funktion *Geführter Zugriff* öffnen
19. *HomeKit*-Steuerung
20. Hiermit wird die Funktion *Hören* aktiviert, wobei das iPad als externes Mikrofon dient und die Töne und Geräusche auf angeschlossene AirPods überträgt. Das iPad dient damit im Zusammenhang mit AirPods als Hörgerät.
21. *Zoom-Funktion* der *Bedienungshilfen* öffnen
22. Damit wird die *Kamera* geöffnet, um sofort *QR-Codes* einzulesen.
23. Die App *Sprachmemos* öffnen
24. Die *Stoppuhr* öffnen
25. Die *Schriftgröße* ändern
26. Den *Timer* öffnen
27. Den *Wecker* öffnen

Erweiterte Funktionen

Viele der Elemente im Kontrollzentrum haben erweiterte Funktionen, die man auf den ersten Blick nicht sieht. Um an die erweiterten Funktionen zu gelangen, müssen Sie nur etwas länger auf ein Symbol drücken. Dadurch wird ein kleines Fenster geöffnet, in dem Sie dann zusätzliche Einstellungen zur jeweiligen Funktion vornehmen können.

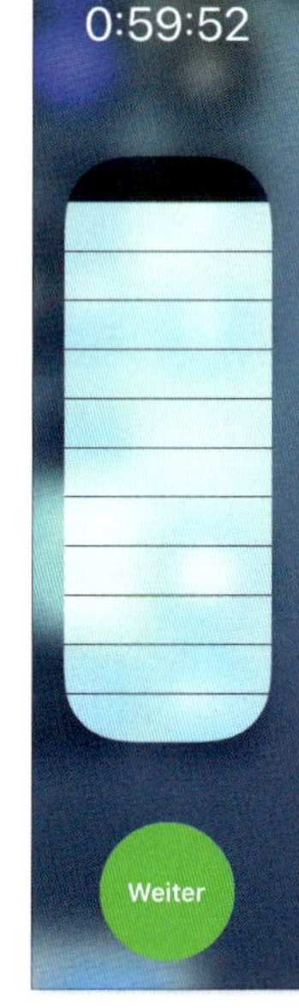

Das Kontrollzentrum stellt für viele der Funktionen ein erweitertes Einstellungsmenü zur Verfügung, z. B. für AirPlay, Timer und Musiksteuerung (von links).

> **!** Um das Kontrollzentrum wieder zu schließen, brauchen Sie nur die Home-Taste am iPad zu drücken oder Sie schieben es mit einem Finger wieder nach oben. Zudem können Sie einfach außerhalb des Kontrollzentrums das iPad-Display antippen, um es zu verlassen.

Gesten

Es gibt einige nützliche Mehrfingergesten, mit denen Sie Ihr iPad ganz einfach bedienen können. Dazu verwenden Sie zwei, vier oder sogar fünf Finger. Wie das im Einzelnen funktioniert, sehen Sie in einem Video.

Wenn Sie in Safari mehrere Tabs geöffnet haben, können Sie durch Zusammenziehen zweier Finger von der aktuellen Webseite zur Tab-Übersicht gelangen.

Bedienungshilfen

Das iPad hat neben dem Kontrollzentrum noch weitere Gadgets, die Ihnen bei der Bedienung des Geräts helfen können. In den *Bedienungshilfen* finden sich Funktionen, die nicht nur für Personen mit Handicap nützlich sind.

Die Funktionen der Bedienungshilfen finden Sie unter **Einstellungen –> Allgemein –> Bedienungshilfen**.

Lupe

Damit wird die Kamera des iPads als Vergrößerungsglas zweckentfremdet. Bei aktivierter Funktion können Sie durch ein dreifaches kurzes Drücken der Home-Taste die Lupe einschalten. Dadurch wird automatisch die Kamera mit einem voreingestellten Zoomfaktor aktiviert. Und Sie können das iPad z. B. zum Lesen von kleinen Texten verwenden.

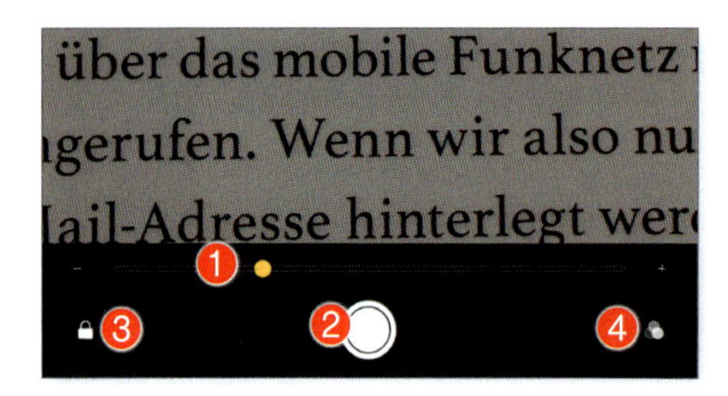

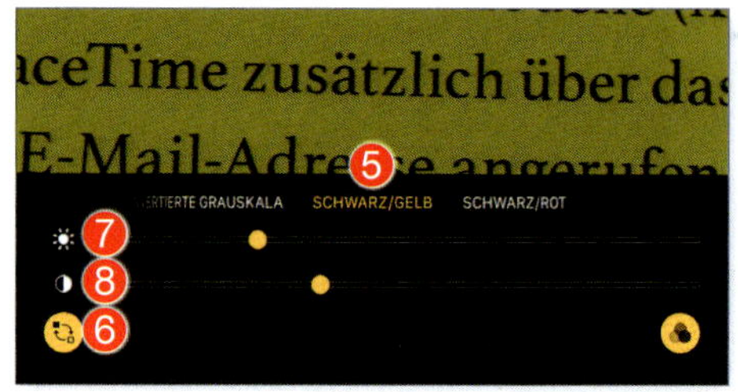

Die „Lupe" ist hilfreich, um Text mit kleiner Schriftgröße besser lesen zu können.

Die aktivierte Lupe bietet noch einige Einstellungen, mit denen Sie das Lesen an Ihre Bedürfnisse anpassen können:

❶ Das ist der Schieberegler, mit dem Sie die Zoomstufe regulieren können.

❷ Die große Taste friert das aktuelle Bild ein, sie nimmt also ein Standbild auf. Durch ein erneutes Drücken wird das Standbild wieder ausgeschaltet und Sie können das iPad auf einen anderen Teil des Textes bewegen.

❸ Mit dem Schloss können Sie den Autofokus fixieren. Der Autofokus wird bei der geringsten Bewegung des iPads immer wieder neu justiert, was bei längerer Verwendung der Lupe nervt. Aus diesem Grund lässt er sich fixieren.

❹ Diese Taste wechselt zu den Filtereinstellungen der Lupe, die Sie im Screenshot rechts daneben sehen.

❺ Falls Ihnen die normale Darstellung zu wenig Farbkontrast bietet, können Sie auf eine andere Farbkombination umschalten, z. B. auf *Gelb/Blau* oder *Weiß/Blau*.

❻ Diese Taste wechselt die Farben des Farbkontrastes.

❼ Hiermit wird die Helligkeit reguliert.

❽ Dieser Regler steuert den Kontrast.

> **!** Um die Lupe wieder zu verlassen, reicht es, die **Home-Taste** des iPads nur einmal zu drücken. Auch die Darstellung des iPad-Bildschirms kann mithilfe der Zoom-Funktion vergrößert werden (**Einstellungen –> Allgemein –> Bedienungshilfen –> Zoom**).

Sprachausgabe

Das iPad kann auch prima vorlesen. Übrigens nicht nur in deutscher Sprache. Wie Sie diese extrem nützliche Funktion aktivieren und einsetzen können, sehen Sie in diesem Video.

Fetter Text

Wenn Ihnen die Schrift auf dem iPad zu dünn ist, dann aktivieren Sie die Bedienungshilfe *Fetter Text*. Nach einem Neustart des iPads wird die Schrift auf dem Display etwas dicker dargestellt.

Tastenformen

Manchmal ist es sehr schwer zu erkennen, was auf dem Display eine Taste ist oder nur einfacher Text. Bei aktivierter Funktion werden die Tasten speziell hervorgehoben und können somit viel leichter identifiziert werden.

Das linke Bild zeigt die Tasten in normaler Darstellung, während im rechten Bild die Tasten besser zu erkennen sind, nachdem „Tastenformen" aktiviert wurde.

AssistiveTouch

Eine der besten Bedienungshilfen ist der *AssistiveTouch*. Dadurch können Sie viele Funktionen (z. B. das Öffnen des Kontrollzentrums oder die Rotationssperre) mit einem Fingertipp erreichen.

Wenn Sie den *AssistiveTouch* einschalten, erhalten Sie auf dem Display ein zusätzliches Symbol in Form eines runden Buttons, der frei positioniert werden kann. Wenn Sie ihn antippen, wird ein Menü geöffnet, das einige Standardfunktionen enthält. Ein einfaches Antippen führt die jeweilige Funktion aus, z. B. das Öffnen des Kontrollzentrums.

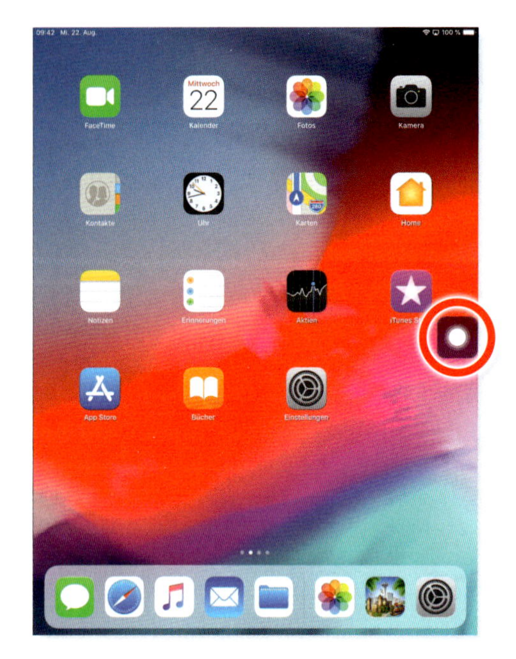

Das Menü von „AssistiveTouch" bietet schnellen Zugriff auf einige Standardfunktionen.

Das Beste an der Funktion ist aber, dass Sie zusätzliche Funktionen zum Menü hinzufügen bzw. nicht benötigte entfernen können. In den *Bedienungshilfen* bei *AssistiveTouch* können Sie das *Hauptmenü anpassen*. Tippen Sie rechts unten auf das Plus-Symbol ❶, um eine zusätzliche Funktion hinzuzufügen, bzw. auf das Minussymbol ❷, um etwas zu entfernen.

Sie können aber auch die vorhandenen Elemente austauschen. Dafür müssen Sie auf eines der Symbole bei ❸ tippen. Dadurch wird eine Liste geöffnet, in der Sie dann eine andere Funktion auswählen können ❹.

In der Funktion **Gerät** sind bereits viele Funktionen enthalten, z. B. **Lauter**, **Leiser**, **Ton aus** oder das Multitaskingmenü. Es ist also ratsam, diese Funktion zu AssistiveTouch hinzuzufügen. Dadurch ersparen Sie sich das Hinzufügen der einzelnen Funktionen.

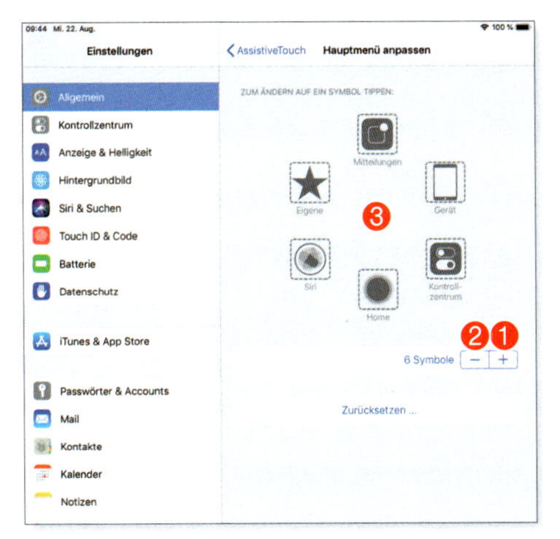

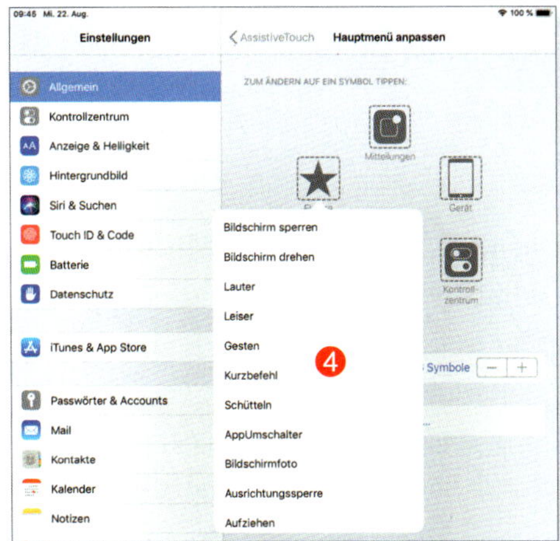

Das Menü für „AssistiveTouch“ können Sie Ihren eigenen Bedürfnissen entsprechend anpassen und erweitern.

AssistiveTouch kann minimal eine Funktion und maximal acht Funktionen enthalten. Um **AssistiveTouch** schnell aufzurufen, wählen Sie die **Bedienungshilfen -> Kurzbefehl**. Damit können Sie durch **Dreifachtippen** auf die **Home-Taste** die Funktion ein- bzw. ausschalten.

Zum Widerrufen schütteln

Ihnen ist wahrscheinlich bekannt, dass man in fast allen Computerprogrammen (z. B. in Microsoft Word) den letzten Arbeitsschritt rückgängig machen kann. Auch das iPad besitzt eine solche Funktion. Damit sie auch funktioniert, muss *Zum Widerrufen schütteln* eingeschaltet sein. Wenn Sie nun den letzten Arbeitsschritt, z. B. die Texteingabe, widerrufen wollen, müssen Sie Ihr iPad nur etwas schütteln.

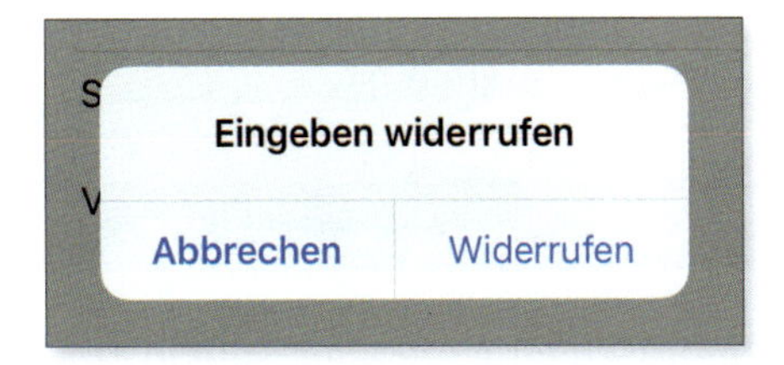

Durch einfaches Schütteln kann der letzte Arbeitsschritt rückgängig gemacht werden.

Tastatur

Das iPad verwendet eine Bildschirmtastatur, die bei Bedarf eingeblendet wird. Dabei bietet die Tastatur einige zusätzliche Funktionen, um Ihnen die Texteingabe so leicht wie möglich zu machen.

Verwenden Sie das iPad im Querformat, dann sind die Tasten größer und etwas einfacher zu bedienen. Oder koppeln Sie eine externe Bluetooth-Tastatur mit Ihrem iPad.

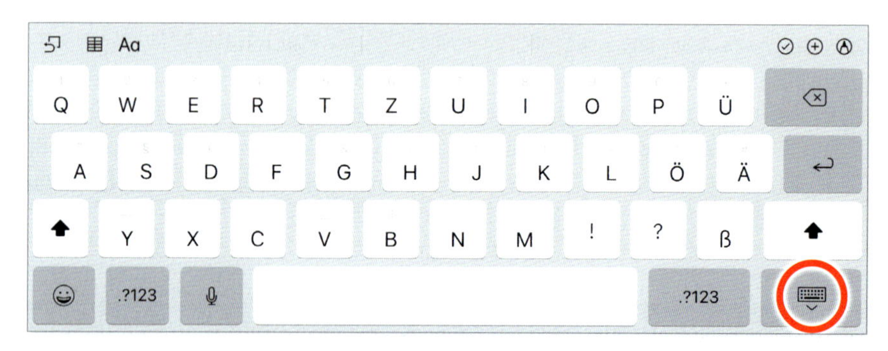

Die Tastatur im Querformat ist größer in der Darstellung und damit einfacher zu bedienen.

Sicher haben Sie in der rechten unteren Ecke das kleine Icon schon erkannt. Durch Antippen dieses Icons verschwindet die Tastatur wieder von Ihrem Bildschirm. Ein erneuter Fingertipp irgendwo im Dokument bringt die Tastatur wieder zum Vorschein.

Auch diese und noch weitere Funktionen der virtuellen Tastatur möchte ich Ihnen in Bewegtbildern zeigen. Sie werden staunen, was hierbei noch alles möglich ist.

Die Tasten der Tastatur

Die Tastatur wird automatisch eingeblendet, sobald eine Texteingabe erforderlich ist. Sie kann sowohl im Hochformat als auch im Querformat genutzt werden. Je nach verwendeter App werden oberhalb der Tastatur noch zusätzliche Funktionen eingeblendet, z. B. in der App Mail, wo Sie über der Haupttastatur auch Funktionen für E-Mail-Anhänge oder Schriftstile finden.

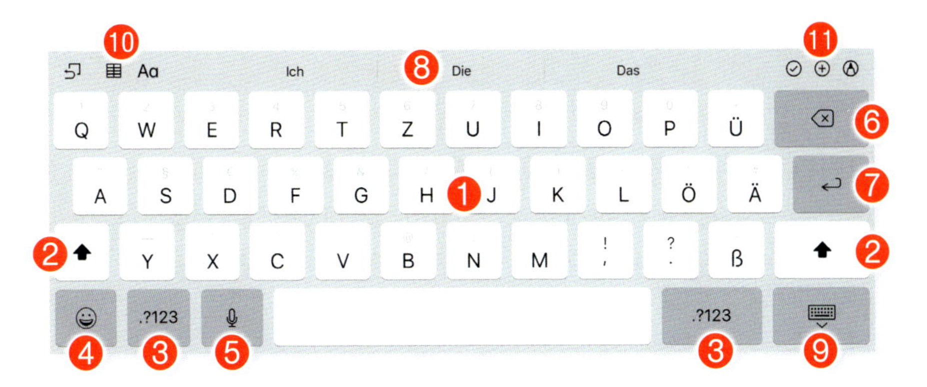

Die Bildschirmtastatur im Hoch- und Querformat

Die Tastatur hat einige spezielle Tasten:

❶ Das ist der Hauptbereich der Tastatur, der die Buchstaben, Ziffern und Sonderzeichen für die Eingabe enthält.

❷ Das ist die *Shift*-Taste zum Umschalten auf die Großbuchstaben. Wollen Sie permanent großschreiben, dann tippen Sie zweimal auf die Taste. Damit wird „Capslock" aktiviert und Sie können nur noch Großbuchstaben eingeben. Ein erneutes Tippen auf die Taste deaktiviert Capslock.

❸ Wenn Sie auf diese Taste tippen, wird die Tastatur umgeschaltet. Damit werden im Hauptbereich der Tastatur andere Zeichen eingeblendet. Wenn Sie z. B. die Ziffern eingeblendet haben, können Sie die Sonderzeichen durch die Taste Ⓐ erreichen. Die Buchstaben erreichen Sie wieder, wenn Sie die Taste Ⓑ antippen.

Die Ziffern und die Sonderzeichen auf der Tastatur

❹ Mit dieser Taste lassen sich andere Tastaturlayouts, z. B. die Emojis, einblenden. In der Emoji-Tastatur können Sie im unteren Bereich Ⓒ zwischen den verschiedenen Kategorien wechseln. Zur normalen Tastatur zurück kommen Sie mit der Taste Ⓓ.

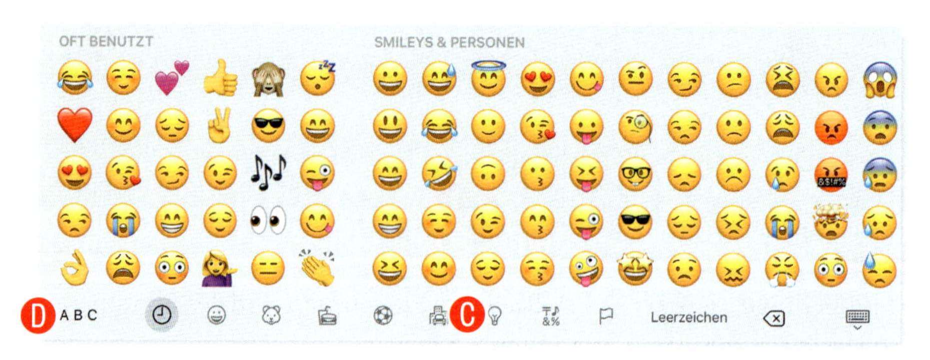

Die Emoji-Tastatur

5 Das Mikrofon wird zum Diktieren verwendet. Damit müssen Sie den Text nicht mehr tippen, sondern können ihn ganz einfach diktieren. Der gesprochene Text wird automatisch in bearbeitbaren Text umgewandelt. Voraussetzung dafür ist, dass Sie unter *Einstellungen –> Allgemein –> Tastatur* die Diktierfunktion aktiviert haben und dass eine Internetverbindung per WLAN oder Mobilfunk besteht.

6 Mit dieser Taste wird der Text links vom Cursor gelöscht. Die Taste heißt auch *Backspace*-Taste. Wenn Sie die Taste etwas länger drücken, wird nicht buchstaben-, sondern wortweise nach links gelöscht.

7 Die *Return*-Taste dürfte jedem bekannt sein: Mit ihr wird eine Zeilenschaltung eingefügt („Neue Zeile").

8 In diesem Bereich werden die Korrektur- und Textvorschläge für die Eingabe angezeigt.

9 Damit lässt sich die Tastatur vorübergehend ausblenden. Um sie wieder sichtbar zu machen, müssen Sie nur den Textcursor wieder im Dokument platzieren.

10 Hier finden Sie Funktionen zum *Rückgängigmachen* bzw. *Wiederherstellen* des letzten Arbeitsschrittes und zum Einfügen vom Inhalt der Zwischenablage. Wenn Sie einen Text ausgewählt haben, werden die Tasten durch die Funktionen *Ausschneiden* und *Kopieren* ersetzt.

11 In diesem Bereich befinden sich die speziellen Funktionen der jeweiligen App, wie in diesem Beispiel die Funktionen von Mail oder Notizen. Die Funktionen 10 und 11 nennt Apple *Kurzbefehle*. Diese können bei *Einstellungen –> Allgemein –> Tastatur* auch ausgeblendet werden.

Wenn Sie aus einem anderen Tastaturlayout nur ein Zeichen – z. B. das @-Zeichen – benötigen, dann können Sie das zeitsparender so durchführen: Sie tippen auf die Taste 123 und halten sie gedrückt. Ziehen Sie nun den Finger zum gewünschten Zeichen und heben Sie jetzt erst den Finger vom Display. Sogleich wird das Zeichen erscheinen und Sie sind wieder im vorherigen Tastaturlayout.

Sollten Ihnen die akustischen Rückmeldungen während des Eintippens nicht gefallen, dann können Sie sie unter *Einstellungen –> Töne –> Tastaturanschläge* deaktivieren.

Korrektur- und Textvorschläge

Um sich die Texteingabe auf dem iPad zu erleichtern, können Sie die Leiste mit den Korrektur- und Textvorschlägen verwenden. Die graue Leiste oberhalb der Tastatur zeigt während der Eingabe drei Vorschläge an. Dabei handelt es sich nicht nur um Korrekturvorschläge, sondern auch um Wortvorschläge. Anhand der Eingabe der ersten paar Buchstaben eines Wortes kann das System eine Vermutung über das benötigte Wort anstellen. Wenn Sie z. B. nur die Buchstaben „Hamb" eintippen, weil Sie „Hamburgerin" haben wollen, wird in der Leiste bereits das vollständige Wort angezeigt. Sie müssen es nur noch antippen ❶, um es zu vervollständigen. Die Leiste zeigt auch Korrekturvorschläge an, z. B. wenn Sie sich vertippt haben. In der Mitte wird das möglicherweise korrekte Wort angezeigt ❷. Sie müssen nur die Leertaste drücken, um das falsche Wort durch das korrekte zu ersetzen.

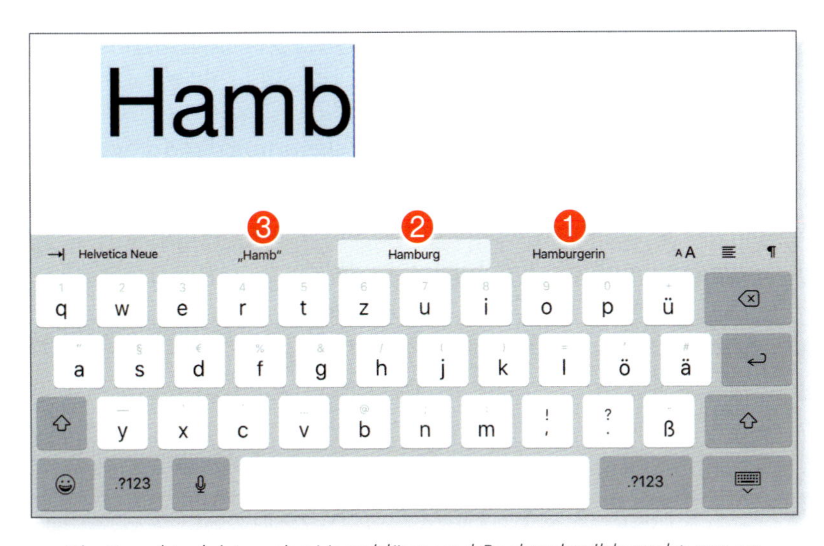

Die Korrekturleiste zeigt Vorschläge und Rechtschreibkorrekturen an.

Um eine automatische Korrektur zu verhindern, können Sie den linken Bereich ❸ antippen. Damit wird das Wort so übernommen, wie Sie es eingetippt haben.

Die automatischen Vorschläge und Korrekturen lassen sich auch ausschalten. Dazu müssen Sie die *Einstellungen* öffnen und hier *Allgemein –> Tastatur* aufrufen. Dann lassen sich die Funktionen der Korrekturleiste einzeln abschalten, z. B. die *Rechtschreibprüfung* ❹ oder die *Auto-Korrektur* ❺. Sogar die *Vorschläge* ❻ können ausgeschaltet werden. Und die *Intelligente Interpunktion* ❼ sorgt dafür, dass die richtigen Satzzeichen der aktuellen Sprache verwendet werden. Dadurch erhalten Sie z. B. die richtigen Anführungszeichen der aktuellen Sprache.

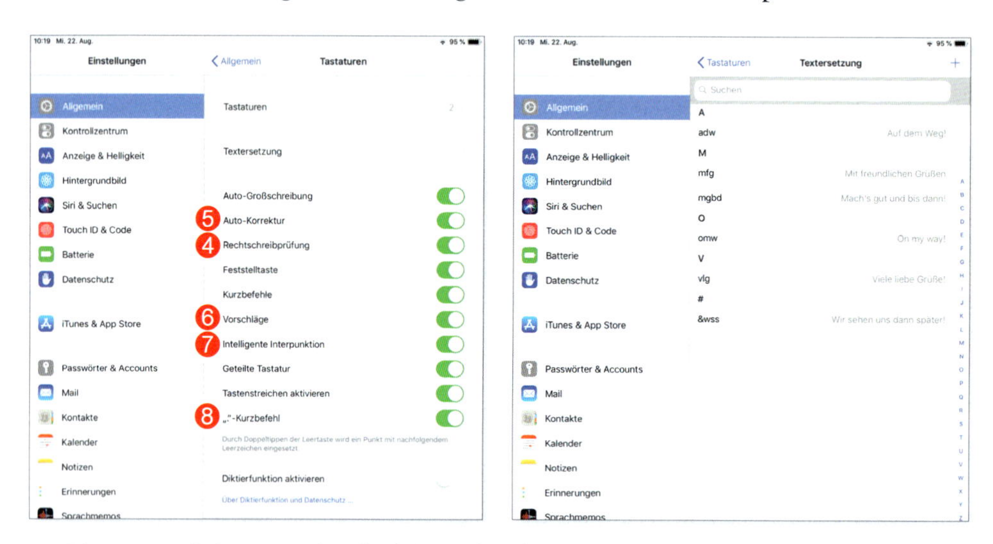

Die automatischen Korrekturfunktionen bei der Texteingabe können einzeln ein- und ausgeschaltet werden (links). Da Sie wohl, ebenso wie ich, häufig Floskeln verwenden, können Sie diese im Bereich „Textersetzung" definieren (rechts).

Ein Highlight bei den Korrekturen ist die Erkennung der Sprache für die Vorschläge. Wenn Sie also einen Text eintippen, der auch englische Wörter enthält, dann wird in der Korrekturleiste nicht nur ein deutscher Vorschlag angezeigt, sondern zudem ein englischsprachiger.

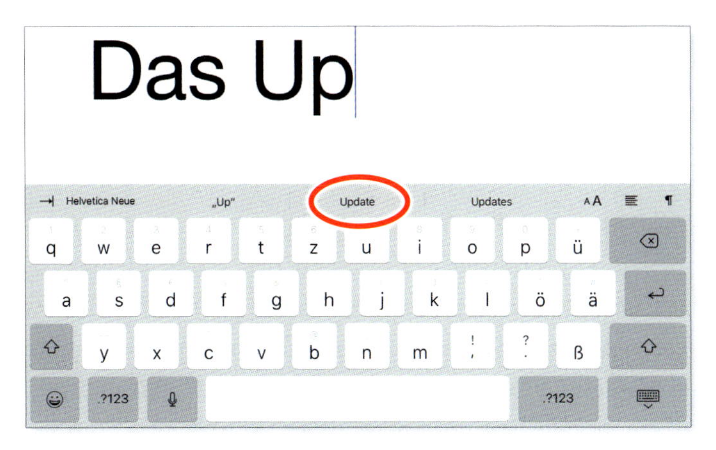

Die Korrekturleiste zeigt auch fremdsprachige Vorschläge an.

> **!** Was aber bedeutet im Bereich **Textersetzung** die Option **„."-Kurzbefehl** ❽? Nun, ganz einfach: Nach einem Satz kommt normalerweise ein Punkt. Ist diese Funktion eingeschaltet, dann können Sie den Satzpunkt auch dadurch erzeugen, dass Sie zweimal hintereinander das Leerzeichen eingeben. Dadurch wird zuerst der Punkt gesetzt und dann direkt dahinter eben ein Leerschritt, bevor es mit dem nächsten Satz weitergeht.

Split View, Slide Over und Drag & Drop

Split View ist eine Funktion, mit der Sie zwei Apps gleichzeitig am Bildschirm einblenden können. Wenn Sie also z. B. in Safari surfen, können Sie gleichzeitig in der Karten-App einen Ort suchen oder eine E-Mail schreiben.

Split View teilt das Display in zwei Hälften. Jede der Hälften zeigt die Oberfläche einer App. Somit können Sie dann gleichzeitig in zwei Apps arbeiten. Und damit nicht genug: Die beiden Apps können zudem ganz einfach Daten per Drag & Drop miteinander austauschen.

Wie das geht und was man sonst dabei alles machen kann, können Sie in einem Video erfahren.

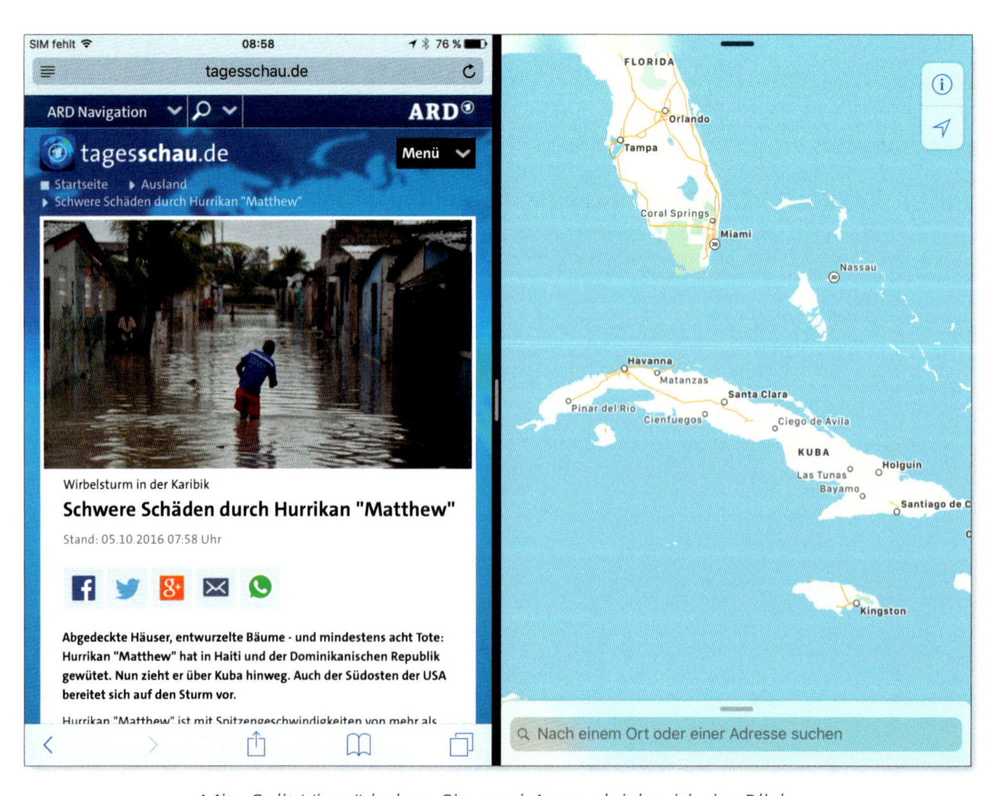

Mit „Split View“ haben Sie zwei Apps gleichzeitig im Blick.

Texte/Bilder weiterverwenden via Zwischenablage

Über die Zwischenablage des iPads können Sie Texte oder Bilder von Dokumenten in andere Dokumente oder Apps übernehmen.

Haben Sie ein Dokument geöffnet, dann können Sie z. B. Ihren Finger einen Moment auf einem Foto ruhen lassen, um es via *Kopieren* in die Zwischenablage zu befördern. Wechseln Sie nun in eine andere App oder in ein anderes Dokument und holen Sie mit *Einsetzen* den zwischengelagerten Inhalt an die gewünschte Stelle.

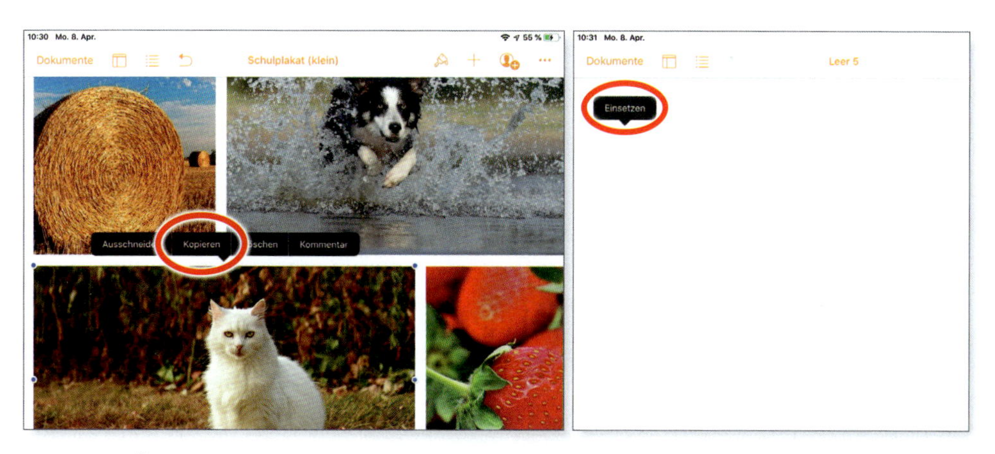

Über die Zwischenablage (Kopieren, Einsetzen) können Bilder und Texte applikationsübergreifend ausgetauscht werden.

Wollen Sie Text markieren, dann halten Sie Ihren Finger ca. 1,5 Sekunden lang auf den Text. Dadurch erscheinen die Anfasser, mit denen Sie den Text markieren können. Das iPad hilft Ihnen dabei, komplette Absätze zu markieren. Natürlich ist es auch möglich, Texte zusammen mit Fotos zu markieren und diese dann gemeinsam in die Zwischenablage zu bringen.

Übrigens: Mit **Ausschneiden** wird das markierte Element aus dem Dokument entfernt und in die Zwischenablage verschoben. Da in der Zwischenablage nur ein einziger Speicherplatz verfügbar ist, wird beim nächsten Kopier- oder Ausschneidevorgang der vorherige Inhalt ohne Rückmeldung überschrieben.

AirPlay via Apple TV

Via *AirPlay* kann der Bildschirm des iPads über ein Apple TV direkt an einen Beamer oder HDTV weitergeleitet werden. Das ist im Unterricht enorm praktisch, wenn Sie als Lehrer bzw. Lehrerin etwas zeigen wollen – egal ob es eine Webseite, eine App oder ein Film aus dem Internet ist. Zudem können Schüler ebenfalls Inhalte ihrer iPads „an die Wand werfen".

Das Apple TV-Gerät wird via HDMI an einen Beamer oder an ein TV-Gerät angeschlossen. Darüber hinaus muss es mit Strom versorgt werden. (Foto: Apple)

Sobald das Apple TV via WLAN mit dem Netzwerk verbunden ist, steht es allen iPads für AirPlay zur Verfügung. Wenn Sie mehrere Klassenzimmer haben, sollten Sie die Apple TV-Geräte entsprechend benennen. Dazu nehmen Sie die Fernbedienung und navigieren am Apple TV zu *Einstellungen –> Allgemein –> Info* (*https://support.apple.com/de-de/HT202618*).

Und noch eine Funktion können Sie damit bereitstellen: die Dokumentenkamera! Starten Sie AirPlay am iPad, verbinden Sie sich mit dem Apple TV und verwenden Sie dann die Kamera des iPads, um so beispielsweise Buchseiten in starker Vergrößerung an die Wand zu projizieren. Praktisch ist zudem noch eine iPad-Halterung (z. B. *https://www.belkin.com/de/p/P-B2B054/*).

Wie einfach der Kontakt zum Apple TV aufgebaut werden kann, zeige ich Ihnen in einem Film.

AirDrop

Genauso einfach, wie das iPad unter Verwendung eines Apple TVs seinen Bildschirm an den Beamer übertragen kann, funktioniert die Übertragung von Dateien oder Bildschirmfotos inklusive Markierungen innerhalb des Klassenzimmers. So können Sie als Lehrer bzw. Lehrerin z. B. ein Arbeitsblatt an alle Schüler versenden, die es nach der Bearbeitung Ihnen zurückschicken, und zwar ganz einfach, weil drahtlos über WLAN, mit der Technik namens *AirDrop*.

Viele Apps auf dem iPad kennen die Funktion *Teilen*. Mit ihr können Sie Elemente im Klassenzimmer auf die Reise schicken. Deshalb sehen Sie im nächsten Video, wie sich das ganz konkret darstellt.

Troubleshooting

Das iPad läuft zwar recht stabil, aber trotzdem kann es einmal vorkommen, dass eine App das System beeinflusst und es einfriert oder abstürzen lässt. In einem solchen Fall sollten Sie wissen, wie man das iPad neu startet bzw. eine App beendet. Außerdem ist es wichtig zu wissen, wie man das iPad komplett löscht, wenn Sie es z. B. verkaufen oder komplett neu installieren wollen.

Neustart, wenn das iPad nicht mehr reagiert

Falls Ihr iPad einfriert, also auf keine der Eingaben reagiert, dann müssen Sie einen Neustart durchführen. Einen Neustart können Sie durchführen, wenn Sie die *Home*- und *Standby*-Taste gleichzeitig einige Sekunden gedrückt halten, bis das Display dunkel wird und das Apple-Logo erscheint. Dann können Sie die Tasten wieder loslassen. Das iPad führt nun einen Neustart durch.

Wenn Sie die *Home*- und *Standby*-Taste noch etwas länger gedrückt halten, dann verlangt Ihr iPad nach iTunes, denn es befindet sich im *Wiederherstellungsmodus*. Nun kann das iPad wiederhergestellt oder auch aktualisiert werden. Bei einer Aktualisierung wird versucht, iOS neu auf das iPad zu übertragen. Dabei bleiben alle Daten und Einstellungen erhalten.

Eine App beenden

Wenn eine App nicht mehr reagiert, dann sollten Sie versuchen, die App gewaltsam zu schließen und danach wieder zu öffnen. Apps können jederzeit im *Multitaskingmenü* des iPads geschlossen werden. Das Multitaskingmenü erhalten Sie, wenn Sie zweimal kurz hintereinander auf die *Home-Taste* drücken. Suchen Sie die App, die ein Problem hat, und schieben Sie sie nach oben aus dem Menü. Dadurch wird die App geschlossen. Drücken Sie nun einmal auf die *Home-Taste*, um zum Hauptbildschirm zurückzukehren, und starten Sie die App erneut.

Über den App Switcher kann eine App gezielt geschlossen werden. Verwenden Sie mehrere Finger, um in einem Schritt gleich mehrere Apps zu beenden.

> **!** Falls Sie das Gefühl haben, dass der Akku Ihres iPads sehr schnell leer wird, sollten Sie über das Multitaskingmenü die Apps beenden. Viele Apps verrichten im Hintergrund einige Tätigkeiten, z. B. nehmen sie eine Standortbestimmung vor. Diese Tätigkeiten verbrauchen Akkuleistung. Außerdem verbrauchen Apps, die noch nicht an das aktuelle iOS angepasst sind, unter Umständen mehr Energie. Wenn Sie die Apps also beenden, können Sie dem hohen Energieverbrauch einen Riegel vorschieben.

Das iPad löschen

Wenn Sie Ihr iPad komplett neu einrichten bzw. installieren wollen, sollten Sie alle Daten auf dem Gerät löschen. In den *Einstellungen* bei *Allgemein* finden Sie am Ende der Liste die Funktion *Zurücksetzen*. Dort gibt es mehrere Möglichkeiten, das iPad zu löschen:

- *Alle Einstellungen zurücksetzen:* Damit wird die komplette Konfiguration, die Sie in der App *Einstellungen* vorgenommen haben, gelöscht und auf den Werkszustand zurückgesetzt. Die Apps und Daten, die Sie auf dem iPad installiert haben, bleiben dabei erhalten.
- *Alle Inhalte & Einstellungen löschen:* Mit dieser Funktion wird das komplette iPad gelöscht – nicht nur die Einstellungen, sondern auch alle Apps, Fotos und sonstige Daten, die auf dem iPad gespeichert sind. Das iPad wird praktisch in den Lieferzustand zurückversetzt. Diese Funktion

sollten Sie verwenden, wenn Sie das iPad verkaufen oder neu einrichten wollen.

- *Netzwerkeinstellungen:* Falls Sie Probleme haben, sich bei einem WLAN anzumelden, sollten Sie die Netzwerkeinstellungen löschen. Damit wird nicht nur die Liste mit den bekannten WLANs entfernt, sondern es werden auch alle Zugangsdaten zu den Netzen gelöscht.
- *Tastaturwörterbuch:* Damit lassen sich alle Wörter löschen, die Sie bei der Eingabe über die Tastatur für die Rechtschreibprüfung erstellt haben.
- *Home-Bildschirm:* Mit dieser Option wird der *Home-Bildschirm* in den Lieferzustand zurückversetzt. Dabei werden Apps, die nicht zum Home-Bildschirm gehören, auf eine andere Bildschirmseite verschoben und die Standard-Apps (*Mail*, *Safari*, *Nachrichten*, *Kalender* etc.) neu angeordnet.
- *Standort & Datenschutz:* Hiermit können Sie alle Einstellungen löschen, die die Standortbestimmung und den Datenschutz betreffen.

Aufnahmen vom Display

Eine wichtige Hilfe bei Problemen auf dem iPad kann die Weitergabe von Bildschirmfotos an den Support sein. Der Support kann dann das Problem auf dem iPad wesentlich besser eingrenzen.

Auf dem iPad gibt es zwei Möglichkeiten, um die aktuelle Darstellung auf dem Display zu sichern: Sie können entweder ein Bildschirmfoto machen oder die Tätigkeiten am iPad als Video aufzeichnen. Egal welche Art von Aufnahme Sie erstellen, das Bildschirmfoto oder das Video wird immer in der App *Fotos* im Album *Aufnahmen* gespeichert.

Wenn Sie die Home-Taste und den Ein-/Ausschalter gleichzeitig drücken, wird die aktuelle Darstellung abfotografiert. Danach können Sie das Bildschirmfoto sofort mit Markierungen versehen und sogar verschicken. Sobald Sie ein Bildschirmfoto gemacht haben, wird es links unten auf dem Display als Miniatur angezeigt ❶. Wenn Sie diese Miniatur antippen, wird sie in einer eigenen Umgebung geöffnet. In dieser Umgebung können Sie anschließend das Bildschirmfoto mit Markierungen versehen ❷. Mit den Anfassern an den Ecken und Seiten ❸ kann das Bild zugeschnitten werden. Wenn Sie es dann verschicken wollen, verwenden Sie dazu die *Teilen*-Funktion ❹. Ihre Arbeitsschritte können Sie links unten auch wieder rückgängig machen ❺. Wenn Sie die Bearbeitung abgeschlossen haben, tippen Sie links oben auf *Fertig* ❻ und speichern das Bild in der App Fotos.

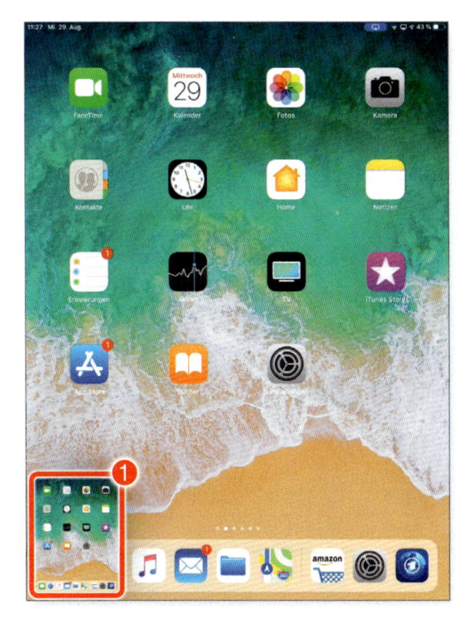

Bildschirmfotos können direkt nach der Aufnahme mit Markierungen belegt werden.

Wenn Sie einem Bildschirmfoto keine Markierungen zuordnen wollen, dann verschieben Sie die Miniatur ❶ einfach nach links oder warten einige Sekunden, bis sie von selbst verschwindet.

Eine andere Möglichkeit, um den aktuellen Inhalt des Bildschirms zu speichern, ist die Aufnahme eines Videos, um Ihre Tätigkeiten am Bildschirm aufzuzeichnen. Dazu müssen Sie allerdings zuerst die Funktion *Bildschirmaufnahme* im *Kontrollzentrum* ausführen.

Wenn Sie das Symbol für die Bildschirmaufnahme Ⓐ etwas länger drücken, öffnen sich die erweiterten Einstellungen, von wo aus Sie die Aufnahme starten Ⓑ und das Mikrofon ein- und ausschalten Ⓒ können. Nach einem Countdown von drei Sekunden werden die Tätigkeiten auf dem iPad aufgezeichnet.

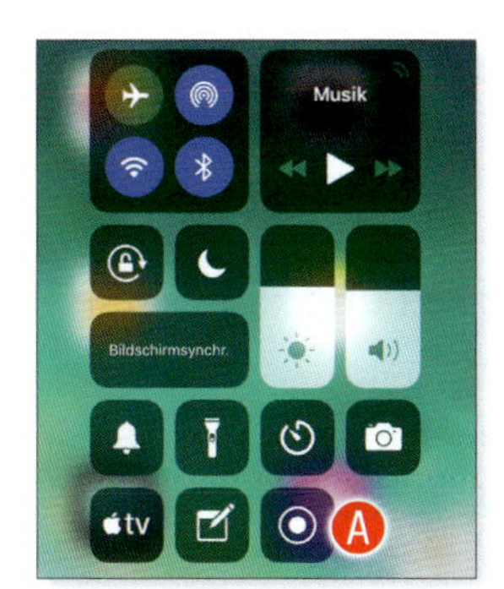

Über das Kontrollzentrum kann eine Bildschirmaufnahme gestartet werden.

Während der Aufzeichnung sehen Sie rechts oben ein Aufnahmesymbol **D**. Wenn Sie es antippen, können Sie die Aufzeichnung stoppen und das Video speichern. Den Film finden Sie dann im Album *Videos* in der App *Fotos*.

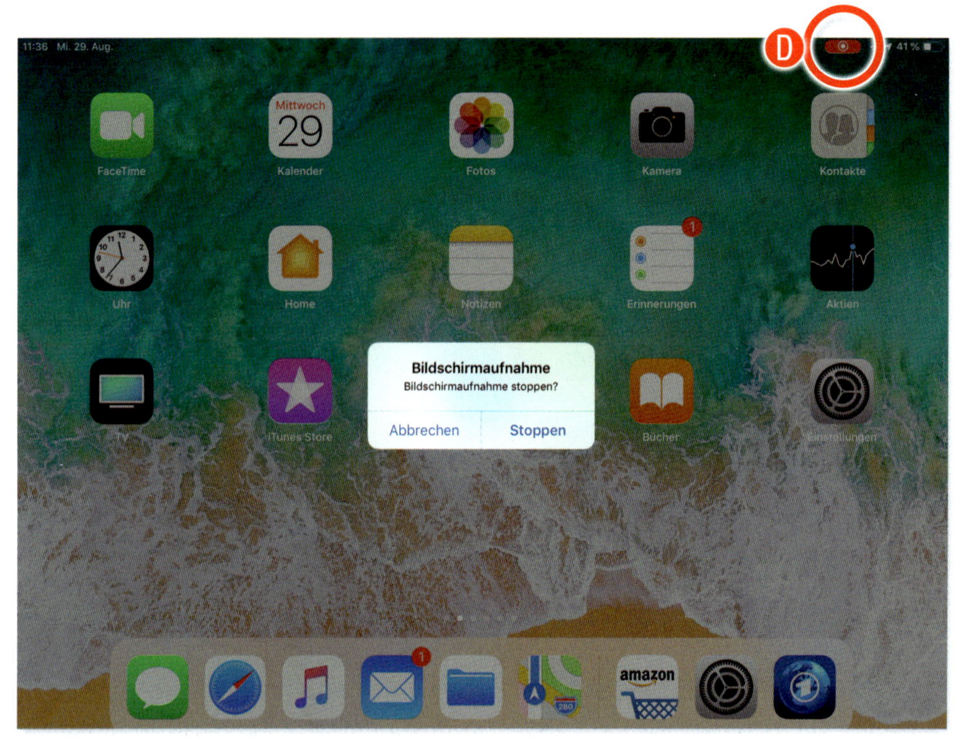

Der rote Balken steht für eine laufende Aufzeichnung. Über ihn kann die Aufzeichnung gestoppt werden.

System aktualisieren

Apple entwickelt iOS permanent weiter, behebt Fehler und fügt neue Funktionen hinzu. Damit Sie immer auf dem aktuellen Stand sind, sollten Sie ab und zu überprüfen, ob es ein Systemupdate für iOS gibt, und dieses gegebenenfalls installieren. In den *Einstellungen* gibt es unter *Allgemein* den Eintrag *Softwareupdate*. Wenn Sie diese Funktion öffnen, überprüft das iPad, ob es ein neues Update gibt. Wenn das der Fall ist, wird es angezeigt und kann sofort installiert werden.

Mit einem Systemupdate werden keinerlei Einstellungen oder Apps vom iPad gelöscht. Sie müssen also nachträglich keine Apps erneut installieren oder irgendwelche Einstellungen kontrollieren.

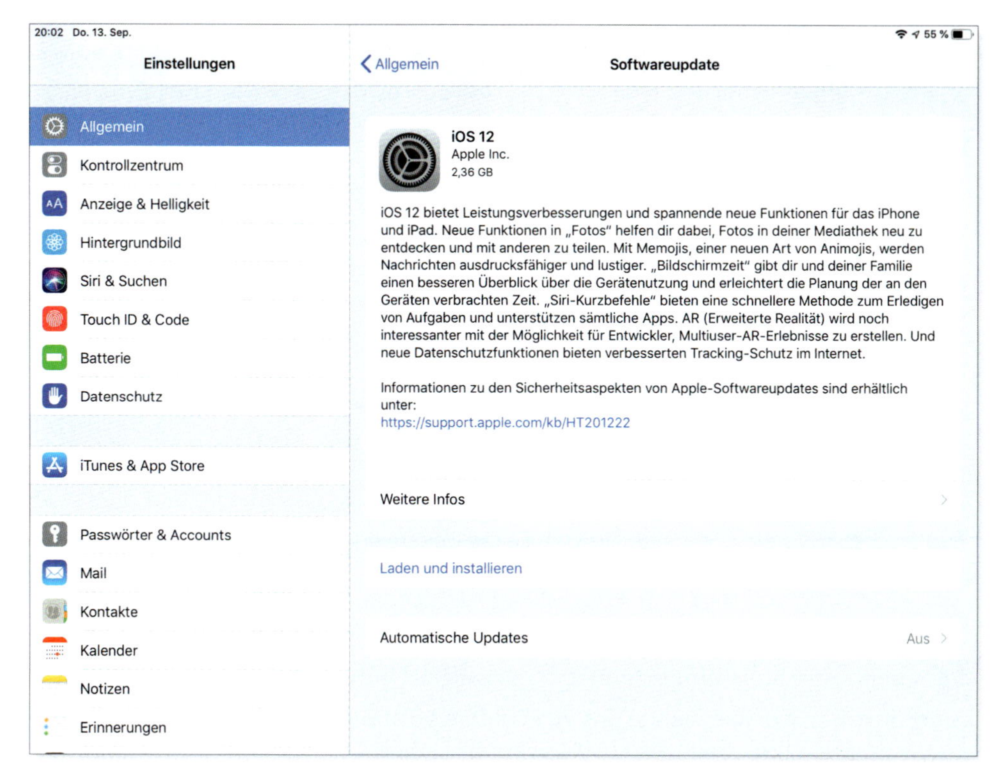

Ein Update für iOS kann direkt auf dem iPad installiert werden. Diese Vorgehensweise nennt man OTA („over the air"). Selbst ein automatisches Update kann definiert werden.

Apps aktualisieren

Die Apps, die Sie im App Store erwerben können, werden regelmäßig von den Softwarefirmen weiterentwickelt, um sie z. B. an neue Betriebssystemversionen anzupassen. Solche Updates können Sie entweder vollautomatisch (für den Schulunterricht nicht empfehlenswert!) installieren lassen oder manuell durchführen. Um festzulegen, ob die Updates automatisch oder manuell installiert werden sollen, müssen Sie in den *Einstellungen* bei *iTunes & App Store* die Option *Updates* entsprechend umschalten. Bei eingeschalteter Option werden die Updates automatisch im Hintergrund heruntergeladen, sobald welche verfügbar sind. Der einzige Hinweis auf eine neue App-Version ist ein kleiner blauer Punkt vor dem App-Namen ❶. Einen weiteren Hinweis finden Sie auch im App Store bei *Updates*: Dort wird eine chronologische Liste der Updates geführt.

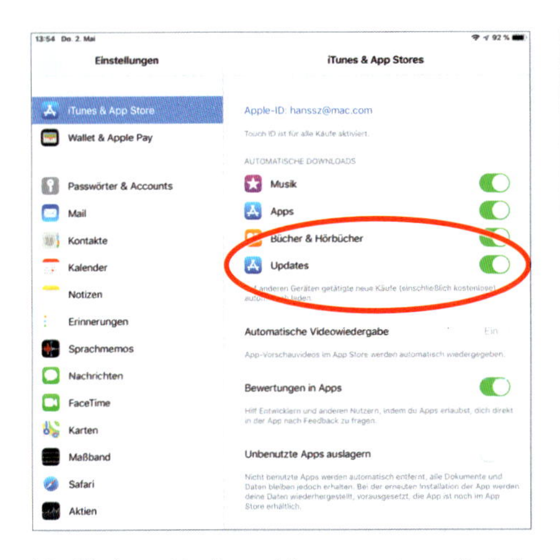

Verfügbare Updates können automatisch heruntergeladen werden. Der blaue Punkt weist auf ein installiertes Update hin.

Möchten Sie die die Updates lieber manuell herunterladen, wird eine weiß-rote Ziffer beim App Store eingeblendet ❷, sobald es Updates gibt. Die Ziffer gibt Auskunft darüber, für wie viele Apps ein Update vorhanden ist. Öffnen Sie den App Store und wechseln zum Bereich *Updates* ❸. Dort sind alle Aktualisierungen aufgelistet und können von Ihnen einzeln ❹ oder alle auf einmal ❺ installiert werden. Jedes Update wird aufgezeichnet und chronologisch in eine Liste einsortiert ❻. Somit können Sie jederzeit nachverfolgen, wann ein Update installiert wurde.

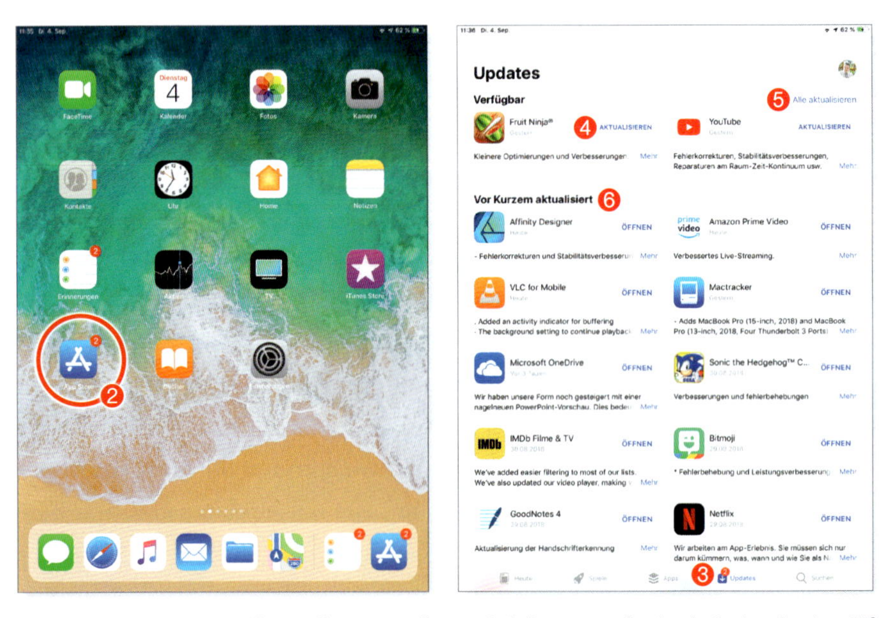

Wenn Sie Updates manuell installieren wollen, wird deren Verfügbarkeit durch eine Ziffer am App-Store-Icon gekennzeichnet.

Kapitel 2 Apps für das iPad

In diesem Kapitel zeige ich Ihnen die wichtigsten Funktionen einiger Standard-Apps, die sich bereits bei der Auslieferung auf dem iPad befunden haben.

Denn mit diesen Apps (wie Safari, iMovie, Sprachmemos, Keynote, GarageBand etc.) kann man im Unterricht bereits jede Menge anstellen. Viele dieser Apps sind einfach zu bedienen und dennoch bieten sie jede Menge Funktionen. Oftmals erst auf den zweiten Blick findet man tolle Zusätze, die im Unterricht sehr nützlich sind.

Wollen Sie weitere Apps auf dem iPad installieren, dann finden Sie in Kapitel 3 ab Seite 117 eine ganze Fülle an Ideen.

Übrigens: *Pages* auf dem iPad ist faktisch so etwas wie Microsoft Word auf einem Computer. Hiermit lassen sich in kurzer Zeit Dokumente wie Lebensläufe inklusive Bildern, Plakate für Schulfeste oder Einladungen für Elternabende erstellen. Und natürlich kann Pages Word-Dokumente importieren und weiter verarbeiten. Auch der Export in das Word-Format ist möglich. *Keynote* ist das Pendant zu PowerPoint, und *Numbers* ist eine Tabellenkalkulation wie Excel. Keynote und Numbers können die entsprechenden Dateiformate von Microsoft wiederum im- bzw. exportieren.

Und noch ein Tipp: Wenn Sie als Lehrer bzw. Lehrerin das erste Mal mit den iPads in den Unterricht gehen, sollten Sie mal mit der App **Photo Booth** starten.

Wollen Sie lieber gleich mit Bewegtbild loslegen, dann verwenden Sie die App *Clips* oder *iMovie*. Damit ist der Weg nicht mehr weit, um beispielsweise Rollenspiele zu verfilmen, Kurztheaterstücke aufzuführen und festzuhalten oder im Physik-, Chemie- oder Biologieunterricht das Experiment filmisch zu dokumentieren.

Safari

Safari ist der Standardbrowser fürs Internet auf dem iPad. Es gibt im App Store allerdings weitere Browser wie Firefox oder Google Chrome, die Sie ebenfalls einsetzen können. Sehr beliebt ist übrigens zudem der DuckDuckGo Privacy Browser, der es mit dem Thema Datenschutz sehr ernst nimmt. Aber nun wieder zurück zu Safari.

Die Oberfläche

Die Oberfläche von Safari ist sehr aufgeräumt. Im oberen Bereich befindet sich die Eingabezeile ❶ für die Internetadressen bzw. die Internetsuche. Die Symbolleiste oben bietet noch diverse Funktionen. Mit den Pfeilen ❷ können Sie rückwärts und vorwärts blättern. Das *Teilen*-Symbol ❸ ist für die Weitergabe von Daten bzw. für das Ausführen von zusätzlichen Funktionen zuständig. Natürlich hat Safari auch *Lesezeichen*, die Sie über das Symbol ❹ erreichen. Zudem gibt es die Tabs bzw. die iCloud-Tabs ❺, die Sie mit dem Plus-Zeichen ❻ anlegen können. Tippen Sie ca. 1,5 Sekunden auf das Plus-Zeichen, um eine Liste der zuletzt geschlossenen Tabs aufzurufen.

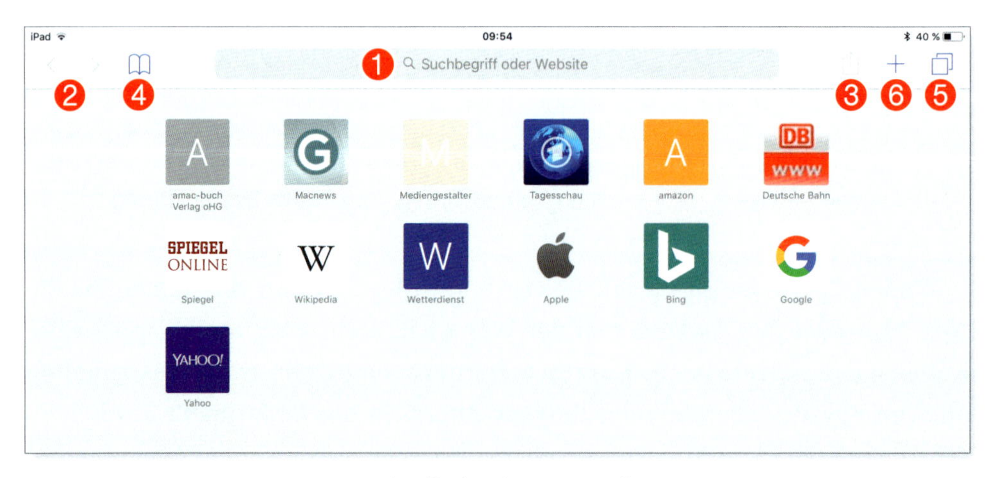

Die Oberfläche der App „Safari“

! Während Sie eine Internetseite lesen bzw. nach unten scrollen, werden alle Funktionen inklusive der Symbolleiste ausgeblendet. Somit ist mehr Displayfläche für die Internetseite verfügbar. Wenn Sie die Eingabezeile und die Symbolleiste wieder einblenden wollen, dann tippen Sie auf die URL, die am oberen Displayrand eingeblendet ist.

Schauen Sie sich einfach das Video zum Thema Safari an, um in kürzester Zeit die Bedienung sogleich am lebenden Objekt zu erlernen. Denn es gibt noch einiges mehr zu entdecken.

Um einen weiteren Tab zu eröffnen, können Sie im Safari-Browser mit zwei Fingern gleichzeitig einen Hyperlink antippen. Daraufhin wird dieser in einem neuen weiteren Tab geöffnet.

Auf der Internetseite suchen

Um auf einer dargestellten Internetseite nach einem Begriff zu suchen, tippen Sie diesen einfach in die URL-Zeile ein. Im Kontextmenü finden Sie am Ende der Liste bei *Auf dieser Seite* die Anzahl der Fundstellen. Sobald Sie nun auf die Zeile *Auf dieser Seite* getippt haben, wird die erste Fundstelle angezeigt, die zudem farbig markiert ist. Am unteren Rand finden Sie die Funktionen zum Anspringen der anderen Fundstellen.

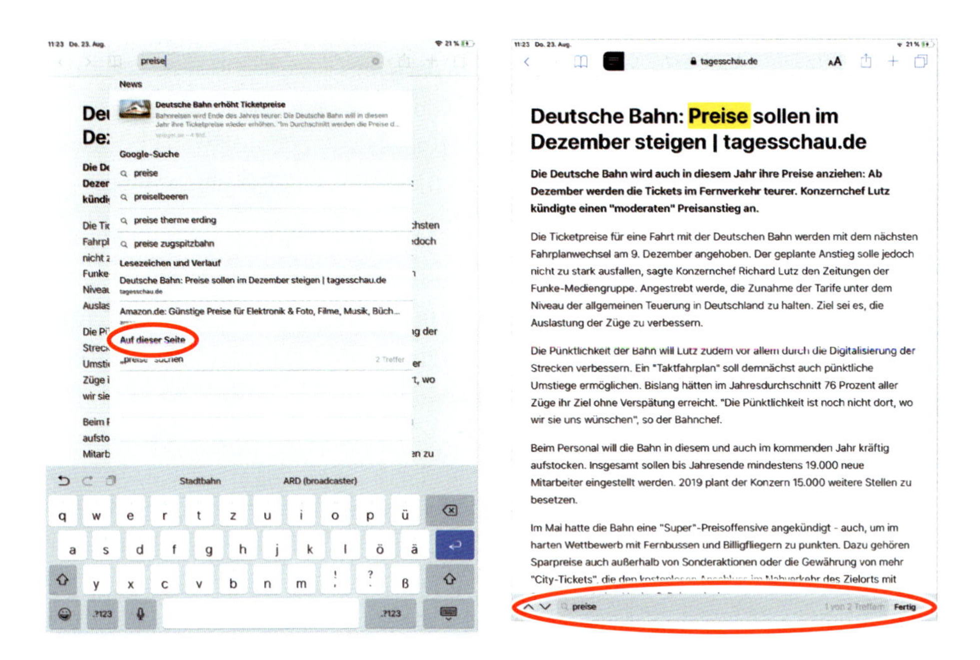

Ein Begriff in der URL-Zeile wird auch als Suchbegriff der aktuellen Webseite verwendet.

Eine andere Möglichkeit für die Suche innerhalb einer Internetseite bietet das *Teilen*-Menü. Dort gibt es die Funktion *Auf der Seite suchen*. Tippen Sie diese Funktion an, um ein Eingabefeld für den Suchbegriff zu öffnen und die Suche zu starten.

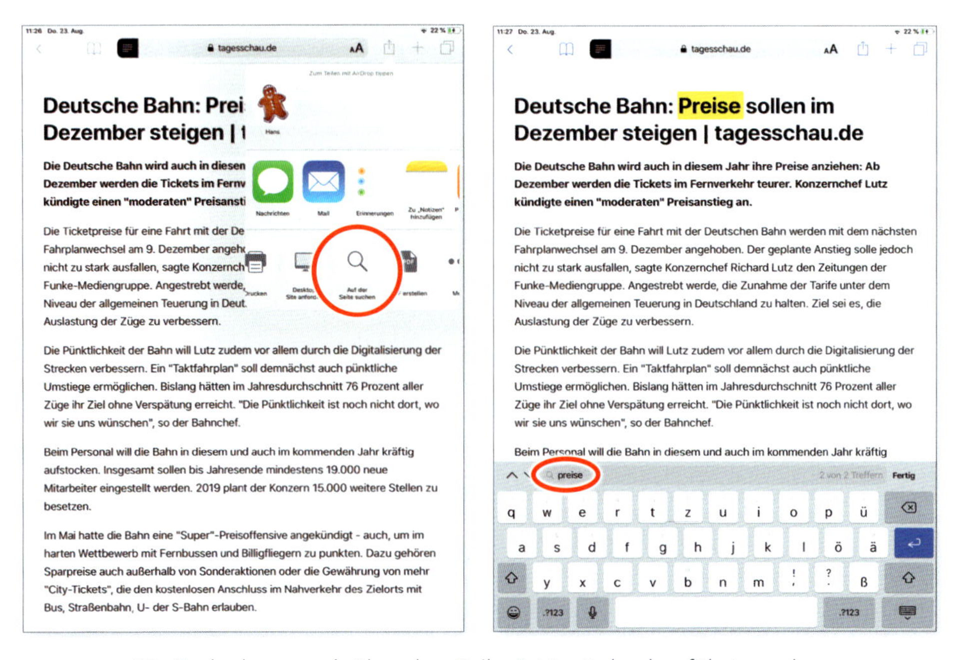

Die Suche kann auch über das „Teilen"-Menü durchgeführt werden.

Privater Modus

Es gibt eine Möglichkeit, die Speicherung von Daten beim Surfen vollständig zu verhindern. Sie müssen dafür den privaten Modus von Safari nutzen. Im privaten Modus werden die Seiten nicht in den Browserverlauf aufgenommen. Das Gleiche gilt für sonstige Daten, die während des Surfens aufgezeichnet werden.

Der private Modus ist nur direkt in Safari zu erreichen. Dazu müssen Sie rechts oben die Tabs öffnen. Anschließend tippen Sie auf *Privat* rechts oben. Ab sofort findet keinerlei Aufzeichnung mehr statt.

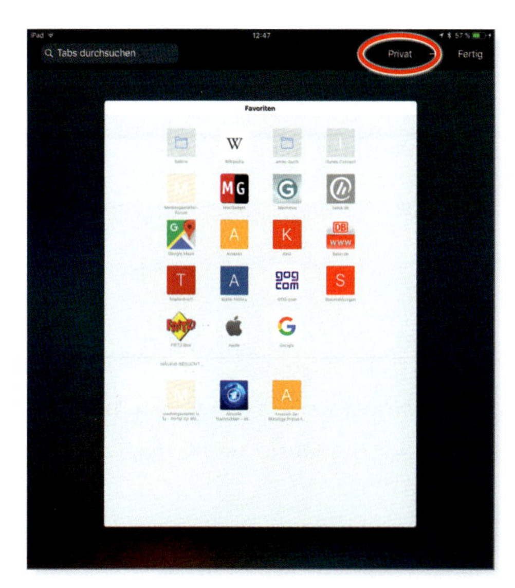

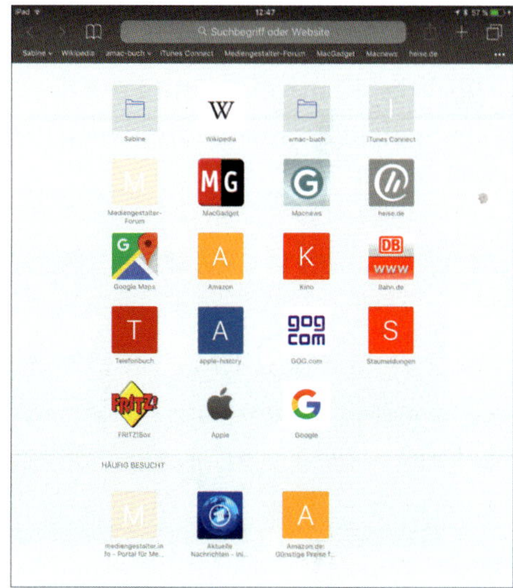

Der Privatmodus verhindert das Aufzeichnen von Daten. Er ist an dem dunklen Hintergrund zu erkennen.

Der Privatmodus kann auf die gleiche Weise wieder beendet werden, wie er aktiviert wurde: Tippen Sie in den Tabs einfach erneut auf **Privat**.

Die Kamera

Das iPad besitzt auf seiner Rück- und Vorderseite jeweils eine Kamera. Die Kamera auf der Rückseite hat eine höhere Auflösung und wird deswegen zum Fotografieren verwendet. Die Kamera auf der Vorderseite hat eine niedrigere Auflösung und wird hauptsächlich für Selfies und Videochats per Facetime oder Skype eingesetzt. Aber egal welche Kamera Sie nutzen, beide werden mit der App *Kamera* gesteuert.

Die App kann auf drei verschiedene Weisen geöffnet werden:

1. auf dem Home-Bildschirm durch Antippen der Kamera-App
2. über das Kontrollzentrum mit dem Kamera-Symbol
3. im Sperrbildschirm durch Verschieben des Displays nach links

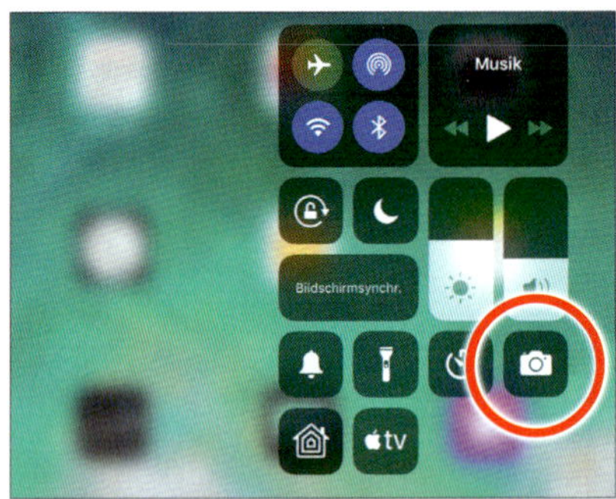

Die Kamera erreichen Sie auf drei Wegen: Home-Bildschirm (oben links), Kontrollzentrum (oben rechts) und Sperrbildschirm (unten).

Die Bedienung

Die Kamera-App bietet verschiedene Funktionen zum Aufnehmen von Bildern und Videos. In der Mitte ❶ ist der Sucherbereich, und der große Knopf dient als Auslöser ❷. Alternativ dazu können Sie auch die *Lauter-* oder *Leiser-Taste* an der Seite des iPads verwenden: Beide Tasten können als Auslöser genutzt werden.

Bevor Sie eine Aufnahme machen, sollten Sie bei ❸ entscheiden, welche Art von Aufnahme Sie haben wollen. Mit dem Kamerasymbol ❹ können Sie zwischen der Kamera auf der Rück- und der Vorderseite hin- und herwechseln.

Die Kamera-App mit allen Funktionen

Für besonders brillante Aufnahmen können Sie die *HDR*-Funktion ❺ einschalten. Die Kamera-App hat auch einen *Selbstauslöser* ❻, mit dem Sie ein Foto mit einer Zeitverzögerung von 3 oder 10 Sekunden aufnehmen können. Zudem können Sie einen *Zoom* ❼ für das Fotografieren verwenden. Mit dem Symbol ❽ werden Live Photos aufgenommen. Diese sind eine Mischung aus einem Foto und einer angehängten kurzen Videosequenz.

Bitte beachten Sie, dass nicht jede Aufnahmeart auch alle Funktionen zur Verfügung stellt. So können Sie z. B. bei der Aufnahme eines Videos kein HDR verwenden.

Wenn Sie einen Blitz benötigen, können Sie ihn mit dem Symbol ❾ einschalten bzw. auf Automatik setzen. Die fertigen Aufnahmen können Sie bei ❿ betrachten, wo sie auch bearbeitet oder gelöscht werden können.

Aufnahmearten

Mit der iPad-Kamera können Sie die verschiedensten Arten von Aufnahmen machen. Neben normalen Fotos und Videos gibt es noch die folgenden interessanten Aufnahmemöglichkeiten:

- *Quadrat:* Das ist eigentlich nichts anderes als ein normales Foto im quadratischen Format, was man auch am veränderten Sucherbereich erkennen kann. Solche Fotos können Sie z. B. sehr gut als Profilfoto für Facebook verwenden.
- *Pano:* Das iPad kann mit dieser Einstellung eine Panoramaaufnahme machen. Dazu müssen Sie das iPad während der Aufnahme nur von links nach rechts bewegen. Im Sucher können Sie erkennen, wie das iPad die Panoramaaufnahme zusammenstellt.

Panoramabilder sind sehr schnell und einfach erstellt.

- *Serienbilder:* Das iPad verfügt auch über die Möglichkeit, Serienbilder aufzunehmen. Dabei werden je nach iPad-Modell bis zu zehn Bilder pro Sekunde aufgenommen – eine ideale Funktion, um actionreiche Fotos zu machen. Für Serienbilder müssen Sie den Auslöser länger gedrückt halten. Solange Sie ihn halten, werden Fotos aufgenommen. Ein Zähler direkt über dem Auslöser zeigt Ihnen an, wie viele Fotos bereits gemacht wurden.

Serienbilder sind mit dem iPad kein Problem. Während der Aufnahme können Sie verfolgen, wie viele Bilder geschossen werden.

- *Slo-Mo:* Diese Abkürzung steht für „Slow Motion". Damit lassen sich also Videos mit Zeitlupenaufnahmen machen. Je nach Voreinstellung der Kamera-App können damit Videoaufnahmen mit 120 oder 250 Bildern pro Sekunde angefertigt werden.
- *Zeitraffer:* Das Gegenteil der Zeitlupe. Die Aufnahmen werden damit in einem höheren Tempo erstellt. Somit können langsame Bewegungen, die normalerweise mehrere Minuten dauern, zu wenigen Sekunden zusammengefasst werden.
- *Live Photo* (nur iPad Pro): Mit diesem iPad können Sie Kurzfilme (Live Photos) inklusive Audio aufnehmen. Tippen Sie dazu auf das dazugehörige Symbol ◎. Natürlich können alle iPad-Modelle erhaltene Live Photos per E-Mail, iMessage etc. wiedergeben.

Aufnahmen bearbeiten

Alle Aufnahmen können Sie direkt in der Kamera-App bearbeiten oder auch wieder löschen. Tippen Sie dazu auf die kleine Miniatur der letzten Aufnahme. Nun wird die letzte Aufnahme eingeblendet. Sie können aber auch die älteren Aufnahmen einsehen, wenn Sie nach links bzw. rechts scrollen.

Die Aufnahmen können direkt in der Kamera-App nachbearbeitet oder gelöscht werden. Diese Funktionen stehen ebenso in der Fotos-App zur Verfügung.

Um die aktuelle Aufnahme zu löschen, müssen Sie nur auf den Papierkorb ❶ tippen. Um eine Aufnahme zu bearbeiten, tippen Sie auf *Bearbeiten* ❷. Damit wechseln Sie in eine andere Umgebung, die je nach Art der Aufnahme verschiedene Werkzeuge enthält. Mit dem Herzsymbol ❸ wird das Bild den Favoriten hinzugefügt.

Die Aufnahme lässt sich sogar direkt aus der Kamera-App mit der *Teilen*-Funktion ❹ an andere Apps übergeben. Links oben ❺ verlassen Sie die Aufnahmen und kehren wieder zur Kamera zurück. Es gibt auch eine direkte Anbindung zur App *Fotos*, um z. B. die aktuelle Aufnahme dort zu bearbeiten oder zu versenden. Mit der Funktion *Alle Fotos* ❻ wechseln Sie zur App *Fotos*. Dort werden alle Schnappschüsse und Videos abgelegt. Diese können dort ebenso bearbeitet und auch wieder gelöscht werden.

Wenn es sich bei der Aufnahme um ein Serienbild handelt, können Sie die Anzahl der Bilder in der linken oberen Ecke der Aufnahme ablesen. Außerdem können Sie aufgenommene Videos direkt abspielen ❼.

Sprachmemos

Mit der App Sprachmemos lassen sich Gedanken, Ideen oder Interviews rasch aufzeichnen. Die Bedienung der App ist ganz einfach. Wenn Sie sie starten, müssen Sie nur einmal auf den Aufnahmeknopf ❶ tippen und Ihr Memo aufzeichnen. Nach der Aufnahme wird das Sprachmemo in die Liste einsortiert und kann abgespielt werden ❸. Mit zwei Buttons ❹ können Sie die Aufzeichnung jeweils 15 Sekunden vor- oder zurückspulen. Falls Sie die Ortungsdienste für die App aktiviert haben, wird automatisch der aktuelle Standort als Name für das Memo verwendet ❷ (*Einstellungen –> Sprachmemos –> Ortsabhängige Benennung*; dort kann zudem die Audioqualität noch justiert werden). Wollen Sie die aktuelle Benennung ändern, tippen Sie zweimal kurz hintereinander auf den vorhandenen Namen.

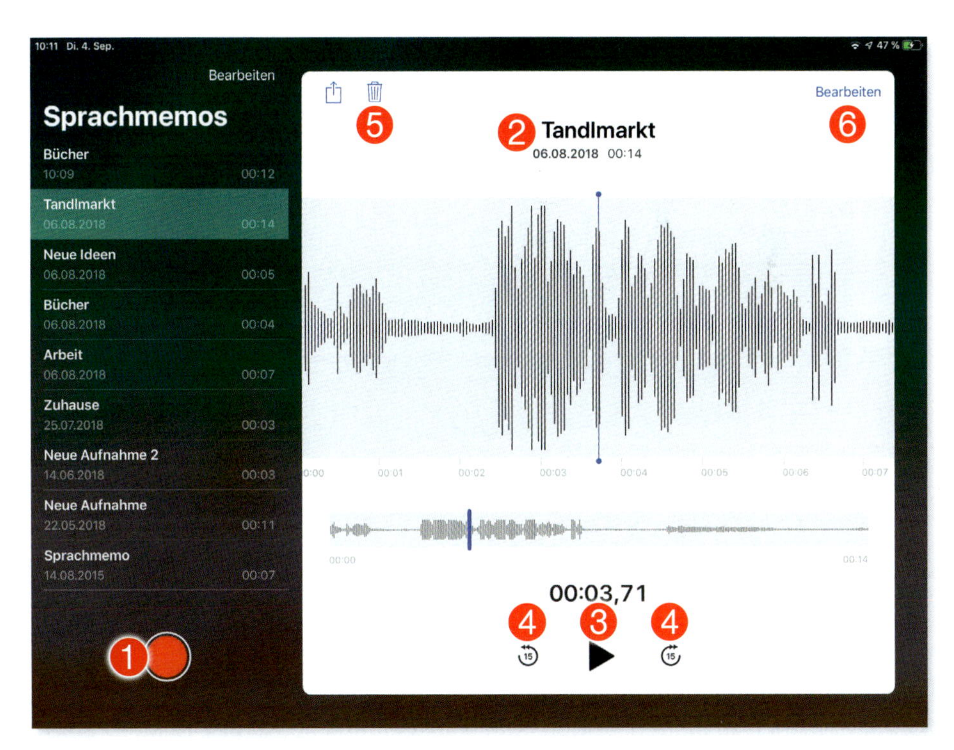

Die App „Sprachmemos" zeichnet Ihre gesprochenen Gedanken auf.

Um eine Aufzeichnung zu löschen, tippen Sie auf das Mülleimersymbol ❺. Für die Nachbearbeitung müssen Sie auf *Bearbeiten* ❻ tippen. Dort lässt sich die Aufnahme kürzen, duplizieren oder weiterleiten.

Maßband

Unglaublich, aber wahr: Mit dem iPad können Sie mithilfe der App *Maßband* Dinge ausmessen. Möglich macht es die AR-Software (Argumented Reality), die Bestandteil von iOS ist.

Sobald Sie die App gestartet haben und die nunmehr geöffnete Kamera ein Objekt erkannt hat, können Sie loslegen. Tippen Sie auf das Plus-Symbol ❶ und bewegen Sie die Kamera am Objekt entlang. Ein erneutes Tippen auf das Plus-Symbol beendet die Messung und zeigt mit einer Linie die Bemaßung ❷ an.

Über die Maßband-App ist es ein Leichtes, Längen auszumessen.

Aber damit nicht genug. Die App kann ebenso zweidimensionale Objekte bzw. Flächen in einem Arbeitsschritt vermessen. Die Objekte werden automatisch erkannt und eben in beiden Dimensionen ausgemessen. Mit der Taste ❸ können Sie von der Vermaßung einen Screenshot erstellen lassen. Sie haben auch die Möglichkeit, die Messung rückgängig ❹ zu machen und zu löschen ❺ und von vorne zu beginnen.

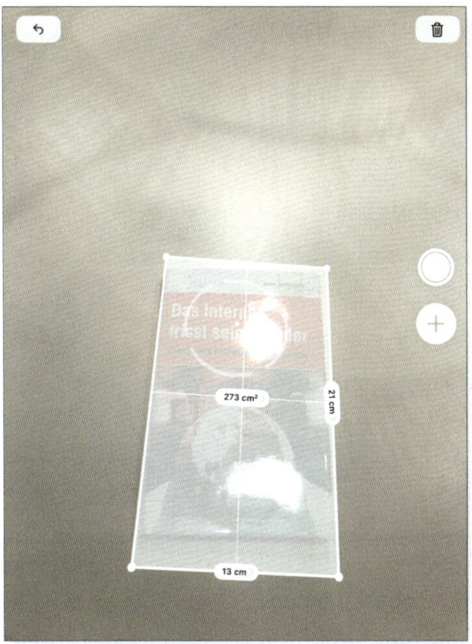

Auch 2D-Objekte und Flächen können in einem Schritt vermessen werden.

Keynote

Keynote ist eine kostenlose App von Apple für die Erstellung von Präsentationen. Dabei kann der Anwender auf eine Vielzahl von Vorlagen zurückgreifen oder auch selbst eigene Präsentationen erstellen. Die fertigen Dokumente können nicht nur auf dem iPad oder via AirPlay auf einem anderen Gerät abgespielt, sondern auch in andere Dateiformate exportiert werden.

Dokument anlegen und einrichten

Nach dem Start von Keynote müssen Sie auf das *Plus-Symbol* ❶ tippen, um ein neues Dokument anzulegen. Anschließend können Sie eine der zahlreichen Vorlagen im *Standard-* oder *Breitbildformat* wählen ❷. Die Vorlagen arbeiten mit vordefinierten Textblöcken, Schriften, Hintergründen, Farben und Elementen, die Sie dann nur noch nach Ihren eigenen Wünschen ändern bzw. ersetzen müssen.

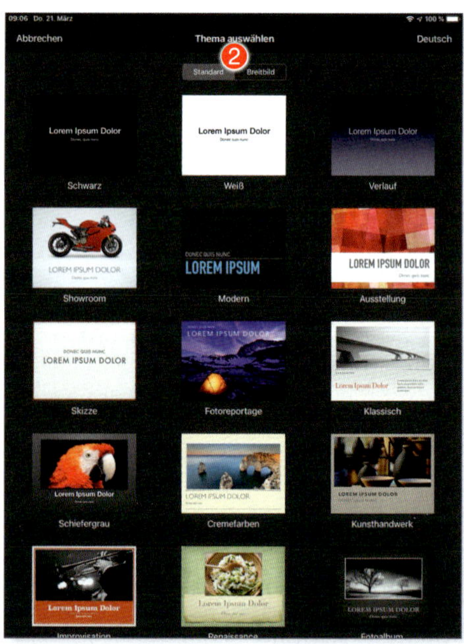

Keynote bietet eine Vielzahl von Vorlagen, auf deren Basis Sie eine neue Präsentation erstellen können.

Papiergröße und Hintergrund

Egal welche Vorlage Sie als Basis nutzen, Sie können jederzeit die Größe und den Hintergrund der Folien ändern. Außerdem können Sie zu jedem Zeitpunkt auch die Vorlage wechseln. Dazu müssen Sie auf das Symbol mit den drei Punkten **A** tippen und anschließend *Dokumentkonfiguration* **B** auswählen. Nun können Sie ein anderes Thema wählen **C** oder die Foliengröße ändern. Wenn Sie auf *Eigene* **D** tippen, können Sie die Breite und Höhe der Folien eingeben. Ist die Arbeit getan, dann gelangen Sie mit *Fertig* **E** links oben wieder zurück zum Dokument.

Das Vorlagenthema und die Größe der Folien können jederzeit geändert werden.

Text formatieren

Um die einzelnen Textblöcke mit Inhalt zu befüllen, müssen Sie nur einen Doppeltipp darauf machen. Zwar sind die Schrift und die Schriftgröße vom Thema vorgegeben, sie lassen sich aber auch manuell ändern. Dazu müssen Sie zuerst den gewünschten Text markieren. Dann können Sie dessen Aussehen über das *Formatmenü* in der Kategorie *Text* verändern. Das Formatmenü enthält Einstellungen für Schriftart, Schriftgröße, Ausrichtung, Farbe und noch viele andere Dinge.

Über das Formatmenü werden ausgewählte Textbereiche formatiert.

Elemente hinzufügen und bearbeiten

Wenn Sie zusätzliche Elemente oder Textblöcke auf der Folie benötigen, dann ist das kein Problem. In Keynote lassen sich auch andere Elemente wie Tabellen, Diagramme, Grafiken, Symbole oder Bilder platzieren. Das Erscheinungsbild von vielen dieser Elemente lässt sich nachträglich anpassen.

Für das Hinzufügen von Elementen gibt es ein eigenes Menü, das sich hinter dem *Plus-Symbol* ❶ rechts oben verbirgt. Das Menü ist in vier Kategorien unterteilt: *Tabellen* ❷, *Diagramme* ❸, *Grafiken und Symbole* ❹ und *Fotos* ❺. Suchen Sie sich aus den verschiedenen Kategorien ein Element aus und tippen Sie es an. Dadurch wird es auf die Seite platziert. Für einen zusätzlichen Textblock müssen Sie in der Kategorie *Grafiken und Symbole* die Gruppe *Einfach* auswählen. Dort finden Sie dann das Element *Text*.

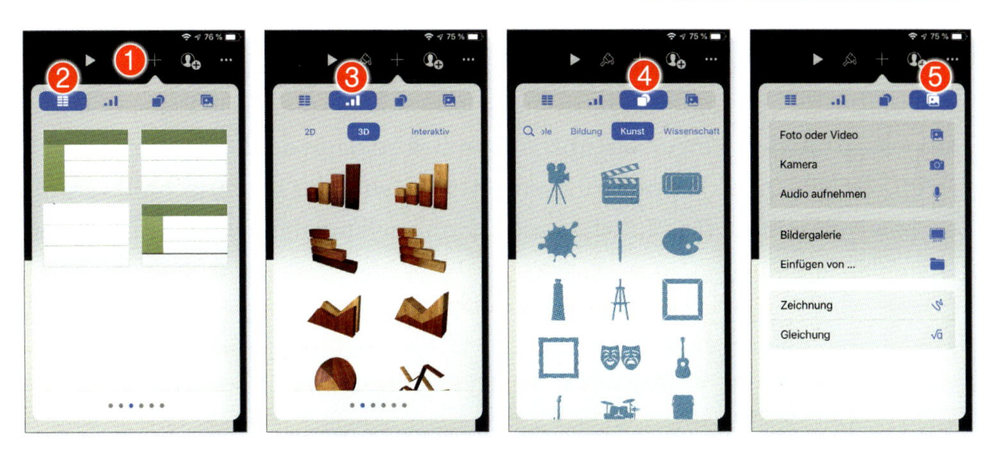

Die Auswahl der Elemente, die platziert werden können, ist sehr groß.

Sie können nun das platzierte Element mit dem Finger verschieben und an den Ecken und Seiten ❻ skalieren, dehnen und stauchen. Um das Element zu drehen, müssen Sie es mit dem Daumen und dem Zeigefinger anpacken und diese dann auf dem Display verdrehen.

Falls Sie ein Element wieder entfernen wollen, dann tippen Sie es mit einem Finger kurz an, um das Kontextmenü zu öffnen. Dort finden Sie die Funktion *Löschen*.

Das Aussehen der Elemente können Sie über das *Formatmenü* ❼ ändern. Je nach ausgewähltem Element stehen dort unterschiedliche Formatierungsmöglichkeiten zur Verfügung. In der Kategorie *Anordnen* ❽ lässt sich das Element dann auch spiegeln, vor unerlaubter Bearbeitung schützen und in den Vorder- bzw. Hintergrund legen.

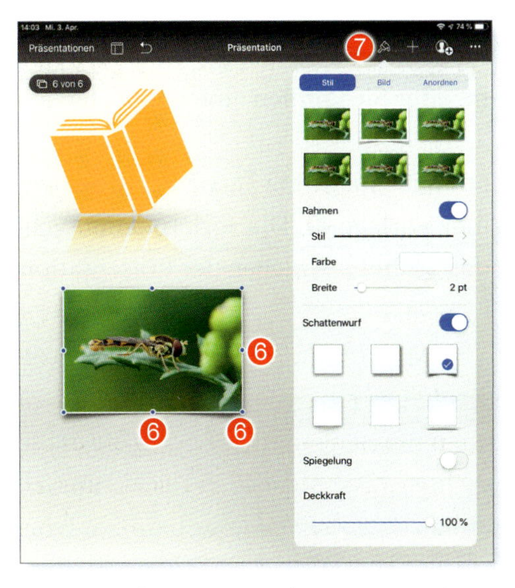

Keynote bietet eine Reihe von Formatierungsmöglichkeiten für die platzierten Elemente.

Platzierte Fotos bieten noch eine kleine Besonderheit. Sie können den Bildausschnitt des Fotos ändern. Dafür müssen Sie auf das platzierte Foto nur einen Doppeltipp mit dem Finger ausführen. Damit wird dann der Regler für die Maskierung eingeblendet. Wenn Sie diesen bewegen, wird der Bildausschnitt vergrößert bzw. verkleinert. Das Foto lässt sich dann auch mit dem Finger im Rahmen genau platzieren.

Die Bildausschnitte von Fotos können mit der Maskenfunktion geändert werden.

Neue Folien hinzufügen

Eine Präsentation besteht im Normalfall nicht nur aus einer Folie, sondern aus mehreren. Es gibt in Keynote mehrere Wege, um eine neue Folie hinzuzufügen. Sie können entweder eine der Folienvorlagen wählen, die ein vordefiniertes Layout mit Textblöcken und Bildern haben, oder Sie können eine bereits fertige Folie duplizieren.

Links unten am Display finden Sie in der Folienspalte ein *Plus-Symbol* A zum Hinzufügen einer neuen Folie auf Basis einer Vorlage B. Die vorhandenen Vorlagen werden von dem Thema bestimmt, das Sie beim Anlegen der Präsentation gewählt haben.

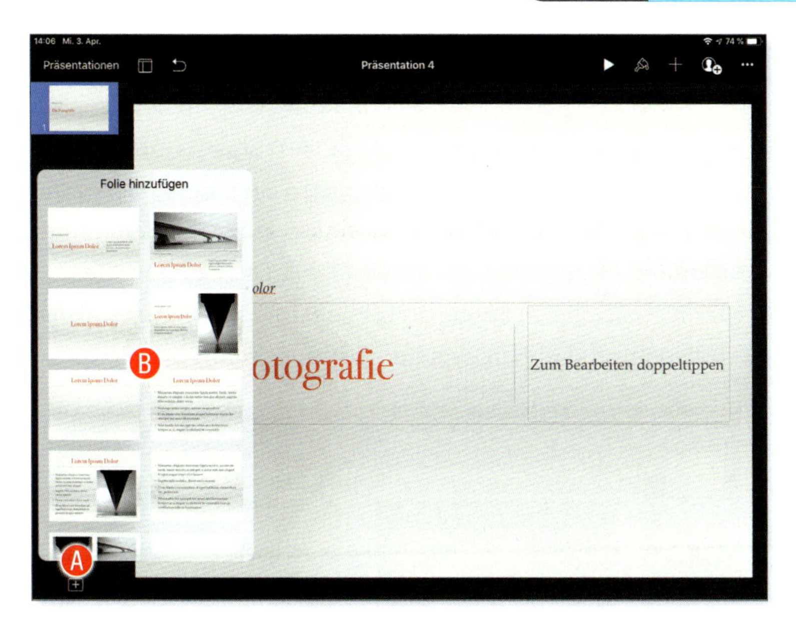

Für eine neue Folie können Sie die Vorlagen verwenden.

Wenn Sie eine fertige Folie nur duplizieren wollen, dann wechseln Sie von der Folienansicht C auf den Leuchttisch D. Dort finden Sie dann in der Fußleiste die Funktion *Duplizieren* E. Außerdem gibt es dort auch noch die Möglichkeit für das *Löschen* F der Folie. Vergessen Sie nicht, wieder auf die *Foliendarstellung* G zu wechseln, damit Sie die Inhalte bearbeiten können.

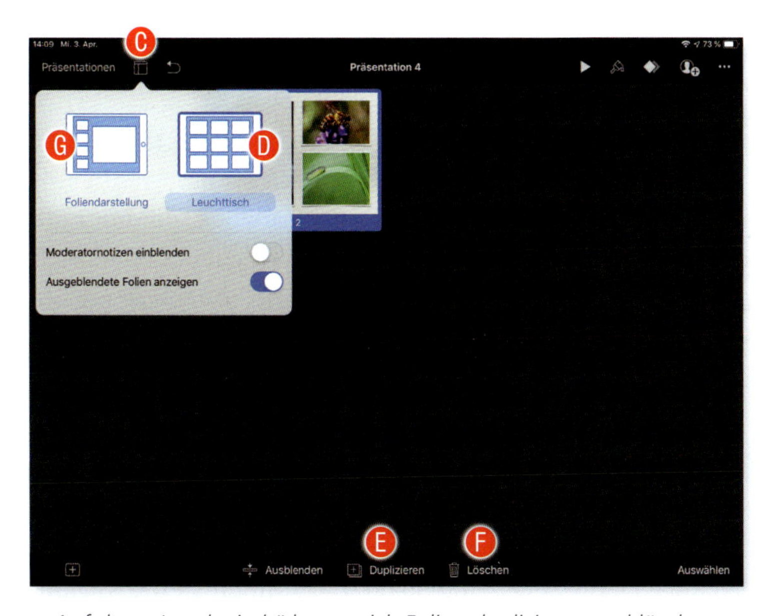

Auf dem „Leuchttisch" lassen sich Folien duplizieren und löschen.

Folienvorlage und Hintergrund ändern

Wenn Sie für eine Folie eine andere Vorlage verwenden oder einfach nur den Hintergrund austauschen wollen, dann müssen Sie zuerst sicherstellen, dass Sie kein Element markiert haben. Am besten tippen Sie mit dem Finger auf eine leere Stelle. Danach öffnen Sie das *Format-Menü*. Dort sollten Sie nun die Einstellungen für das *Folienlayout* aufgelistet sehen. Im Folienlayout können Sie nur die Vorlage ändern und den Hintergrund austauschen.

Die Folienvorlage und der Hintergrund können für jede Folie individuell angepasst werden.

Tabellen

Keynote bietet eine Reihe von vordefinierten Tabellen, die mit automatischer Tabellenkopf-, Zeilen- und Spaltenformatierung arbeiten. Um eine solche Tabelle einzufügen, müssen Sie das *Plus-Symbol* ❶ rechts oben antippen und dort zur Kategorie *Tabellen* ❷ wechseln. Sie können durch die Tabellenvorlagen blättern, wenn Sie mit dem Finger nach links bzw. rechts wischen. Haben Sie dann eine passende Vorlage gefunden, müssen Sie sie nur noch antippen, damit sie auf der Seite platziert wird.

Das Aussehen der Tabelle und die Anzahl der Zeilen und Spalten können jederzeit nachträglich geändert werden. Sie müssen die Tabelle dafür nur antippen. Mit den Reglern für Zeilen und Spalten ❸ können Sie die Anzahl der Zeilen und Spalten verändern. Mit den Anfassern an der Seite und Ecke ❹ lässt sich die Breite und Höhe der Tabelle beeinflussen.

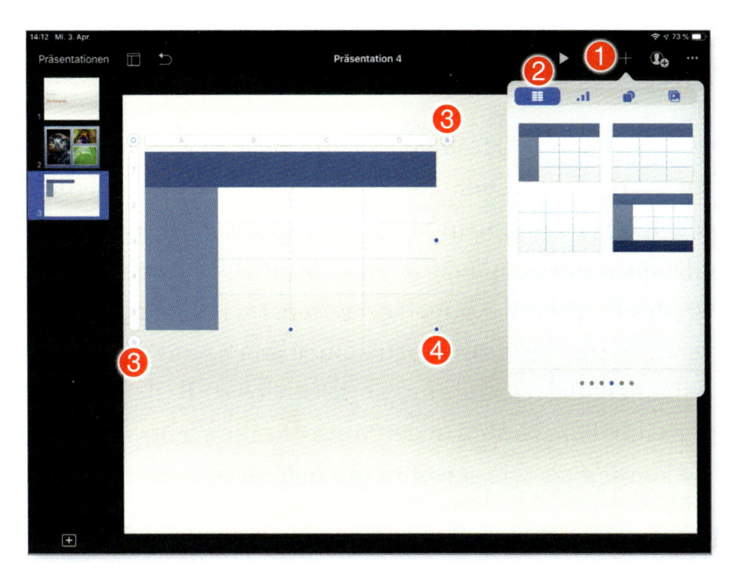

Tabellen lassen sich sehr schnell und leicht einfügen.

Die Zeilen und Spalten lassen sich auch individuell bearbeiten. Dazu müssen Sie nur die jeweilige Zeile bzw. Spalte antippen. Danach können Sie deren Höhe bzw. Breite ändern, sie verschieben oder auch entfernen.

Das Aussehen der Tabelle kann mit den Funktionen im *Format-Menü* ❺ angepasst werden. Dort gibt es umfangreiche Einstellungsmöglichkeiten für die Tabelle und die einzelnen Zellen. In der Kategorie *Zellen* lassen sich dann auch die Linien der Tabelle verändern (*Rahmenstil*) ❻. Und im Bereich *Format* ❼ können Sie die Art des Zelleninhalts anpassen.

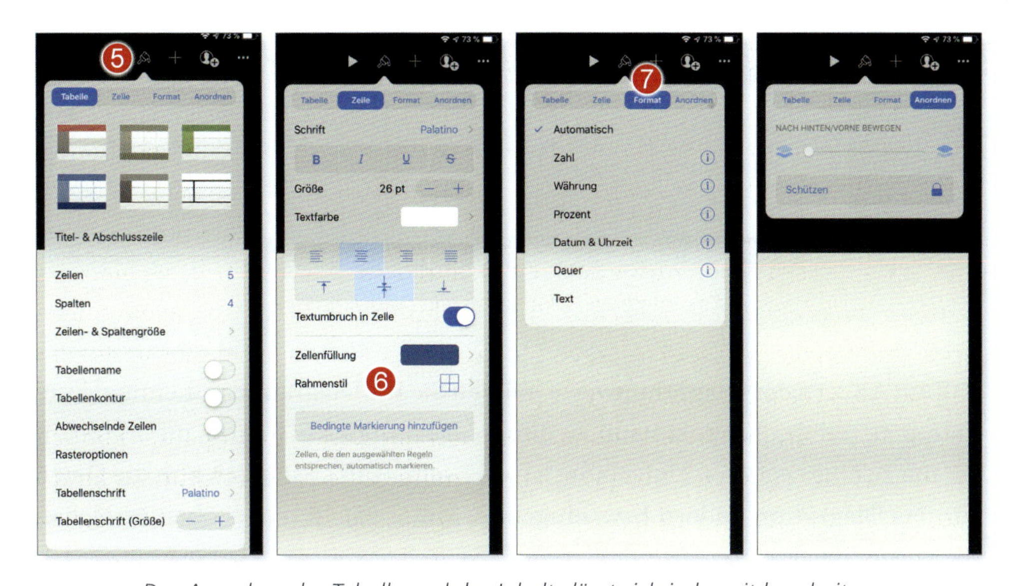

Das Aussehen der Tabelle und des Inhalts lässt sich jederzeit bearbeiten.

Diagramme

Genauso wie bei den Tabellen bietet Keynote eine umfangreiche Sammlung an Diagrammen an, die auf den Folien platziert werden können. Im *Einfügen-Menü* bei dem Plus-Symbol finden Sie in der Kategorie *Diagramme* **A** viele unterschiedliche Diagrammvorlagen, die Sie mit einem Fingertipp ins Dokument einfügen können.

Je nach verwendeter Diagrammart stehen Ihnen unterschiedliche Bearbeitungsmöglichkeiten zur Verfügung. So lässt sich z. B. der Blickwinkel eines 3D-Diagramms mit dem Symbol in der Mitte **B** sehr leicht verändern. Die Breite und die Höhe können Sie wie gewohnt mit den Seitenanfassern **C** anpassen.

Keynote bietet eindrucksvolle Diagramme.

Zum Ändern der Diagrammwerte müssen Sie Ihr Diagramm nur einmal kurz antippen, um das Kontextmenü zu öffnen. Dort tippen Sie dann auf *Bearbeiten* **D**, um zu einer anderen Umgebung zu wechseln. Hier lassen sich nun die Daten für das Diagramm ändern bzw. eingeben. Mit *Fertig* **E** rechts oben erreichen Sie wieder das Dokument.

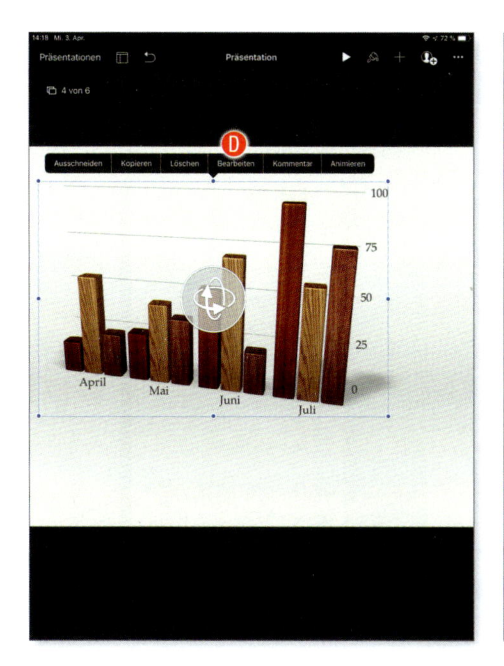

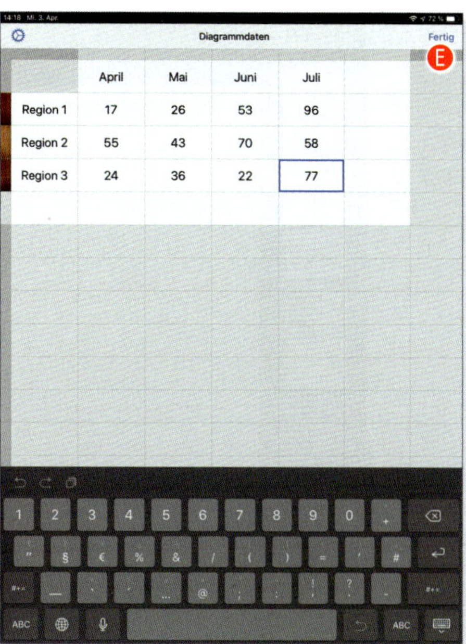

Die Daten für das Diagramm lassen sich sehr leicht ändern.

> **!** Sobald Sie Zahlen in weitere bislang leere Spalten oder Zeilen eintragen, wird das Diagramm automatisch erweitert. Tippen Sie auf den **Spalten-** (ganz oben) bzw. **Zeilenkopf** (ganz links), um die gesamte Zeile oder Spalte zu markieren. Durch erneutes Antippen kommt auch das *Löschen* zum Vorschein.

Für das Aussehen benötigen Sie wieder das *Format-Menü*. Dort können Sie nicht nur die Farbgebung ändern, sondern auch den Diagrammtyp wechseln. Außerdem haben Sie dort noch die Einstellungen für die X- und Y-Achse der Balkendiagramme.

Animationen

Besonders eindrucksvoll sind Präsentationen, wenn sie Animationen enthalten. Keynote bietet auch dafür die passenden Funktionen. Dabei können Sie nicht nur die Übergänge zwischen den einzelnen Folien animieren, sondern auch jedes Element auf einer Folie.

Die Animationen werden über das Menü mit den drei Punkten ❶ rechts oben eingestellt. Dort gibt es die Funktion *Übergänge & Animationen* ❷. Wenn Sie die Funktion aktivieren, müssen Sie im nächsten Schritt das Element auswählen, das eine Animation erhalten soll. Das kann entweder eine Folie oder ein Element auf der Seite sein.

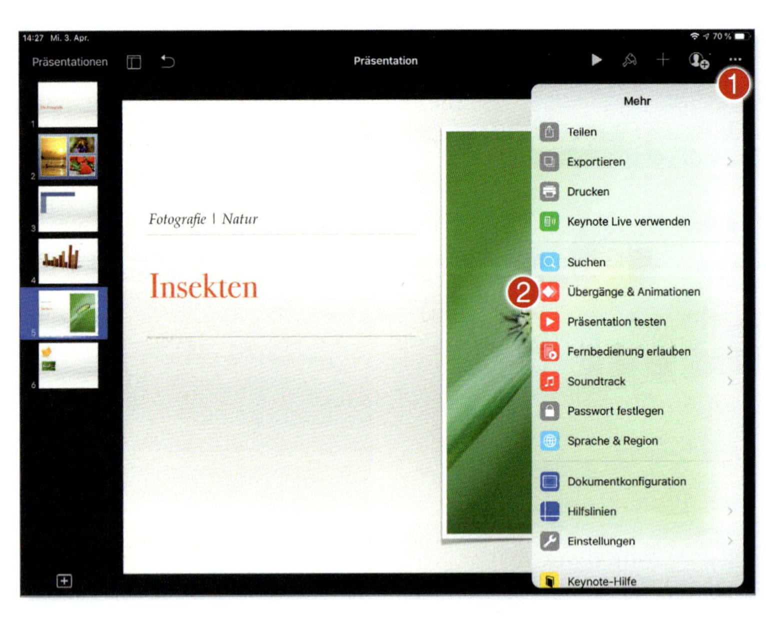

„Übergänge & Animationen" lassen sich für Folien und platzierte Elemente festlegen.

Tippen Sie anschließend im unteren Bereich auf *Übergang hinzufügen* (für Folien) bzw. *Aufbau hinzufügen* oder *Abbau hinzufügen* (für Objekte), um die verschiedenen Animationsarten ❸ einzublenden. Sobald Sie eine der Animationsarten antippen, erhalten Sie eine Vorschau. Dadurch lässt sich die richtige Animation leichter finden.

Keynote bietet eine Menge verschiedener Animationsarten, die man individuell anpassen kann.

Wenn Sie eine Animationsart ausgewählt haben, tippen Sie auf das X-Symbol ❹ ganz links. Tippen Sie anschließend auf die eingeblendete Animation ❺, um die Optionen zu öffnen. In den Optionen lassen sich die Parameter für die jeweilige Animation ändern, z. B. die Dauer oder die Bewegungsrichtung. Außerdem können Sie die Animationsart auch wechseln, wenn Sie auf *Ändern* ❻ tippen.

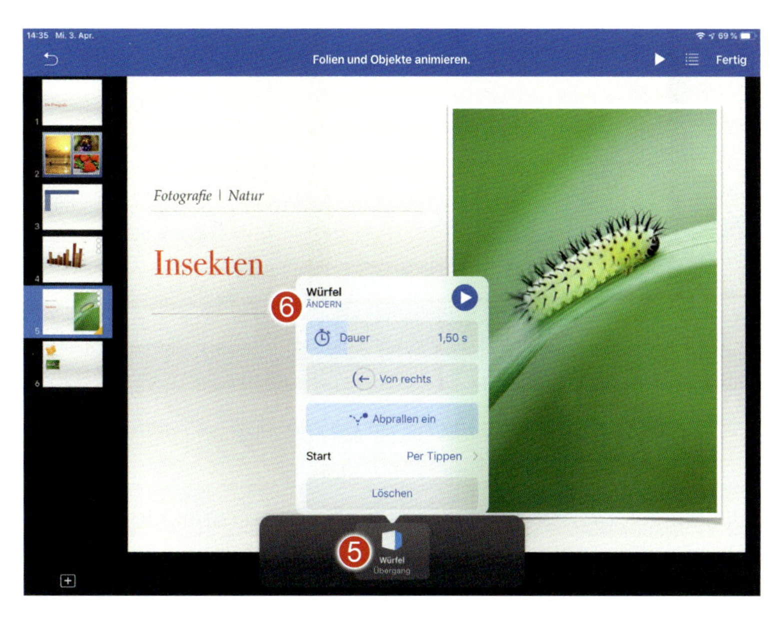

Jede Animation kann gewechselt und individuell eingestellt werden.

Wenn Sie die einzelnen Elemente auf der Folie animieren wollen, steht Ihnen immer die Möglichkeit zur Verfügung, eine Animation für das Erscheinen (*Aufbau*) und Verschwinden (*Abbau*) einzustellen. Und wenn Sie mehrere Elemente animieren, können Sie die Reihenfolge (*Abfolge*) der Animation bestimmen. Dazu müssen Sie nur im Bereich *Abfolge* ❼ den jeweiligen Eintrag nach oben bzw. unten verschieben. Außerdem können Sie festlegen, auf welche Aktion hin die jeweilige Animation gestartet werden soll ❽. Alle Animationen, inklusive der Folienübergänge, können Sie testen, wenn Sie rechts oben auf den Abspielknopf ❾ tippen. Und mit *Fertig* ❿ können Sie die Animationsumgebung wieder verlassen.

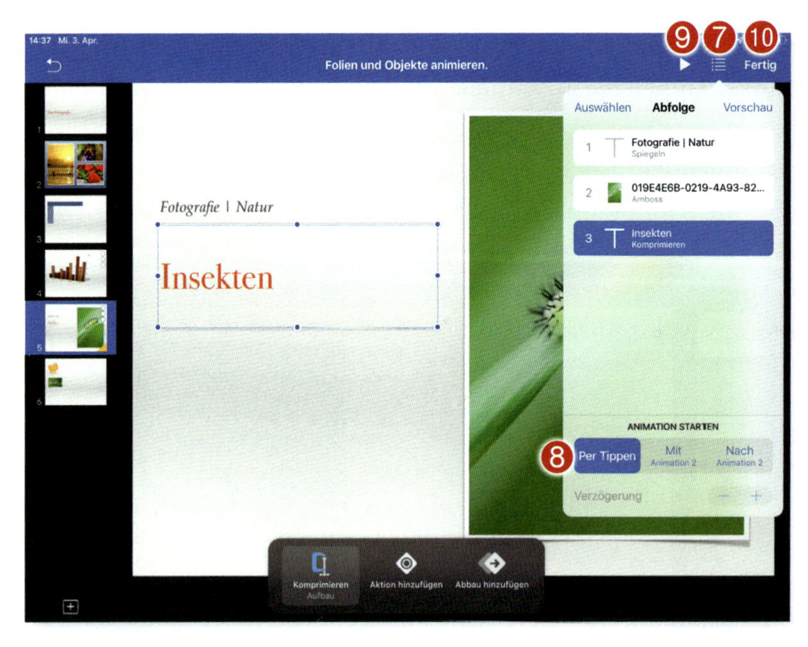

Die Reihenfolge der animierten Objekte lässt sich ändern.

Präsentation testen und abspielen

Haben Sie Ihre Präsentation fertiggestellt, wird es Zeit, Sie zu testen. Dafür bietet Keynote eine eigene Umgebung. Über das Menü mit den drei Punkten ❶ gelangen Sie zur Testumgebung ❷.

Keynote bietet eine Möglichkeit, die Präsentation zu testen.

In der Testumgebung können Sie im oberen Bereich zwischen der aktuellen Uhrzeit und einer Stoppuhr umschalten ❸. Außerdem kann das Layout der Folienanzeige ❹ gewechselt werden. Sind Sie mit dem Test fertig, können Sie die Umgebung mit dem X-Symbol ❺ wieder verlassen.

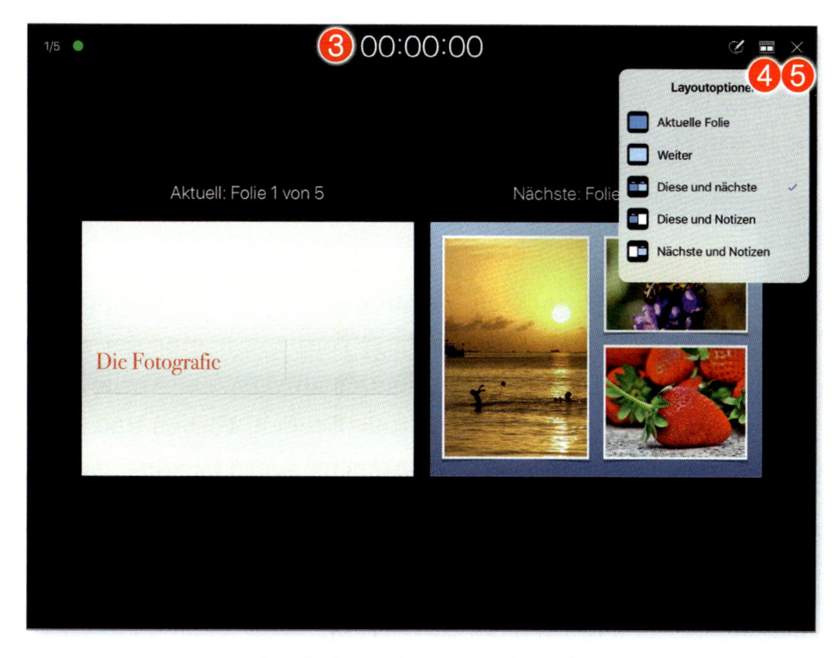

Die Testumgebung von Keynote

Um die gesamte Präsentation abzuspielen, müssen Sie nur auf den entsprechenden Knopf ❻ rechts oben tippen. Damit wird die Präsentation auf dem iPad-Display abgespielt. Mithilfe von AirPlay (siehe Kapitel 1 ab Seite 34)können Sie die Präsentation auch auf einem anderen Bildschirm wiedergeben.

Pages

Pages ist eine kostenlose App von Apple für die Erstellung von Textdokumenten. Dabei kann der Anwender auf eine Vielzahl von Vorlagen zurückgreifen oder auch selbst eigene Dokumente erstellen. Die fertigen Dokumente können dann nicht nur gedruckt, sondern auch in andere Dateiformate exportiert werden.

Neues Dokument erstellen

Nach dem Start von Pages müssen Sie auf das *Plus-Symbol* ❶ tippen, um ein neues Dokument anzulegen. Anschließend können Sie eine der zahlreichen Vorlagen wählen oder ein leeres Dokument ❷ anlegen. Die Vorlagen arbeiten mit vordefinierten Textbereichen, Schriften, Größen, Farben und Elementen, die Sie nur noch nach Ihren eigenen Wünschen ändern bzw. ersetzen müssen.

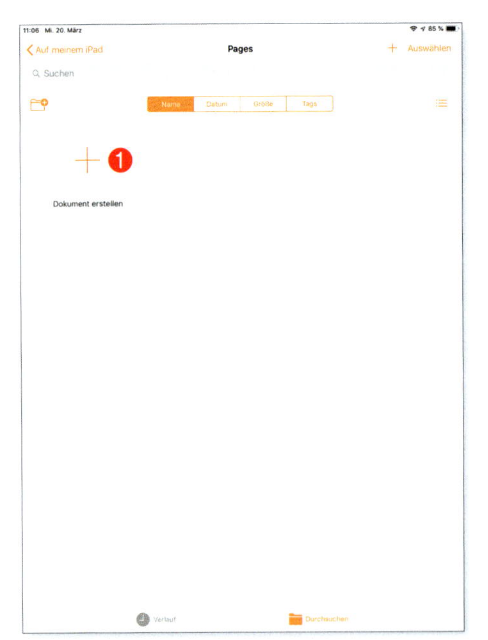

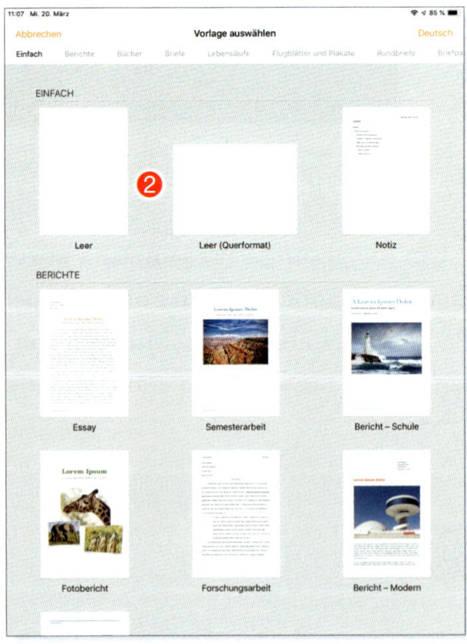

Pages bietet eine Vielzahl von Vorlagen, auf deren Basis Sie ein neues Dokument erstellen können.

Papiergröße und Ränder

Egal ob Sie mit einer Vorlage arbeiten oder ein leeres Dokument erstellen, Sie können jederzeit die Papiergröße und die Ränder für das Dokument ändern. Dazu müssen Sie auf das Symbol mit den drei Punkten A tippen und anschließend *Dokumentkonfiguration* B auswählen. Nun können Sie die Ränder mithilfe der Pfeilsymbole C justieren. Um das Papierformat zu ändern, tippen Sie rechts oben auf das Seitensymbol D. Dort können Sie nicht nur die Papiergröße, sondern auch die Ausrichtung ändern. Ist die Arbeit getan, dann gelangen Sie mit Fertig E links oben wieder zurück zum Dokument. Mit der Taste F können Sie übrigens den letzten Arbeitsschritt rückgängig machen.

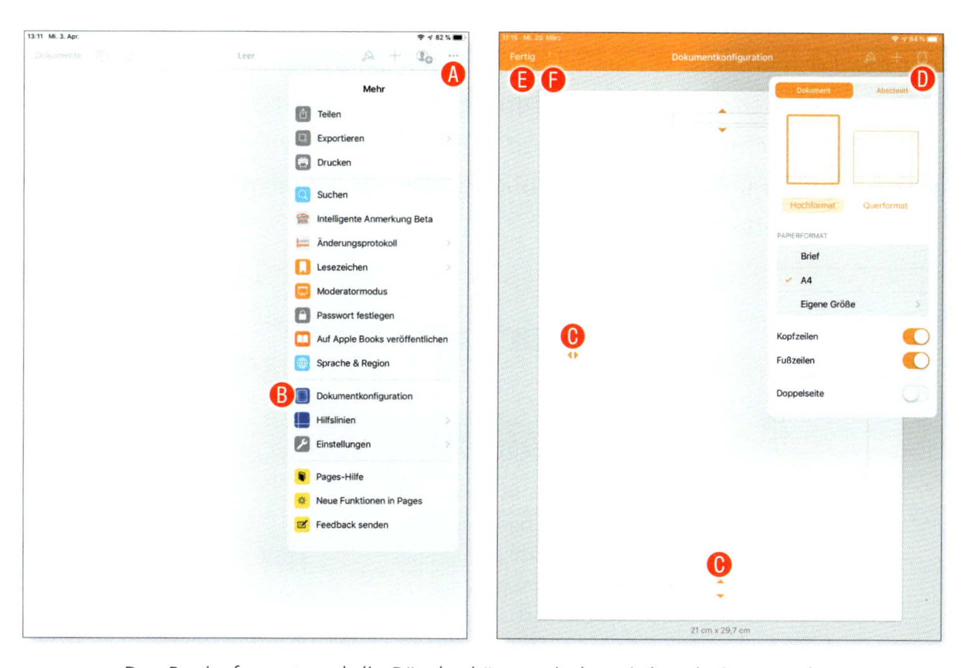

Das Papierformat und die Ränder können jederzeit bearbeitet werden.

Textbearbeitung

Pages ist ein Textbearbeitungsprogramm mit Layoutfunktionen. Deswegen bietet es auch umfangreiche Möglichkeiten, einen Text zu bearbeiten bzw. zu formatieren.

Text markieren

Ein Text bzw. Bereiche von ihm können auf unterschiedliche Weise markiert werden. Wenn Sie ein Wort markieren wollen, reicht es aus, einen Doppeltipp mit dem Finger auf das Wort auszuführen. Wenn das Wort ausgewählt ist, können Sie die Auswahl mit den beiden Anfassern am Anfang und Ende ❶ erweitern. Wesentlich komfortabler ist die Verwendung der Tastatur als Trackpad. Damit lassen sich sehr leicht größere Bereiche für die Bearbeitung markieren.

Text formatieren

Wenn der gewünschte Text ausgewählt ist, dann können Sie sein Aussehen über das Formatmenü ❷ verändern. Das Formatmenü enthält Einstellungen für Schriftart, Schriftgröße, Ausrichtung, Farbe und noch viele andere Dinge.

Einen etwas schnelleren Zugriff auf Schriftgröße, Schriftstil und Ausrichtung haben Sie über die Tastatur. Rechts oben finden Sie die entsprechenden Symbole ❸ für die schnelle Formatierung.

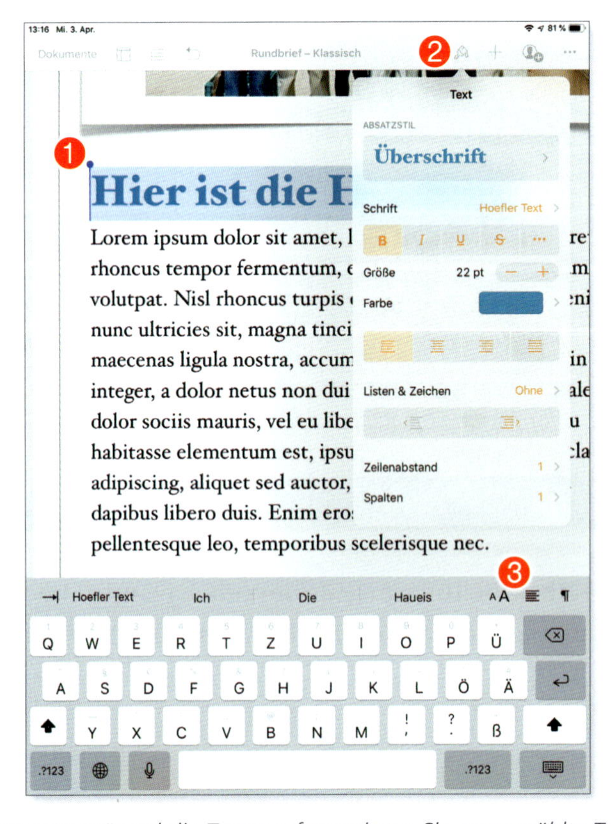

Über das Formatmenü und die Tastatur formatieren Sie ausgewählte Textbereiche.

Elemente hinzufügen und bearbeiten

In Pages können Sie nicht nur Texte bearbeiten, sondern auch andere Elemente wie Tabellen, Diagramme, Grafiken, Symbole oder Bilder platzieren. Das Erscheinungsbild vieler dieser Elemente lässt sich umfangreich ändern.

Für das Hinzufügen von Elementen gibt es ein eigenes Menü, das sich hinter dem *Plus-Symbol* ❶ rechts oben verbirgt. Das Menü ist in vier Kategorien unterteilt: *Tabellen* ❷, *Diagramme* ❸, *Grafiken und Symbole* ❹ und *Fotos* ❺. Suchen Sie sich aus den verschiedenen Kategorien ein Element aus und tippen Sie es an. Dadurch wird es auf die Seite platziert.

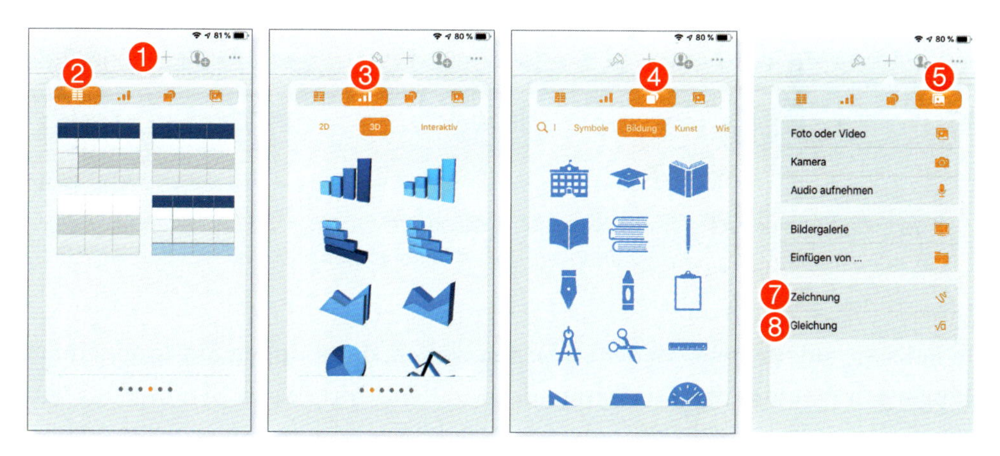

Die Auswahl der Elemente, die platziert werden können, ist sehr groß.

Besonders interessant ist das Hinzufügen von *Zeichnungen* ❼ und *Gleichungen* ❽. Die Zeichnung wird direkt auf dem Display des iPads mit dem Finger oder dem Apple Pencil erstellt. Dabei stehen einige Zeichenwerkzeuge zur Verfügung. Gleichungen müssen eingetippt werden und stehen dann als eigenständiges Element auf der Seite zur Verfügung. Dort können sie dann auch skaliert werden.

Sie können nun das platzierte Element mit dem Finger verschieben und an den Ecken und Seiten ❻ skalieren, dehnen und stauchen. Um das Element zu drehen, müssen Sie es mit dem Daumen und dem Zeigefinger packen und diese dann auf dem Display verdrehen.

Eigene Zeichnungen ❼ *(links) und mathematische Gleichungen* ❽ *(Rechts) lassen sich ebenfalls in ein Dokument einfügen.*

Falls Sie ein Element wieder entfernen wollen, dann tippen Sie es mit einem Finger kurz an, um das Kontextmenü zu öffnen. Dort finden Sie die Funktion *Löschen*.

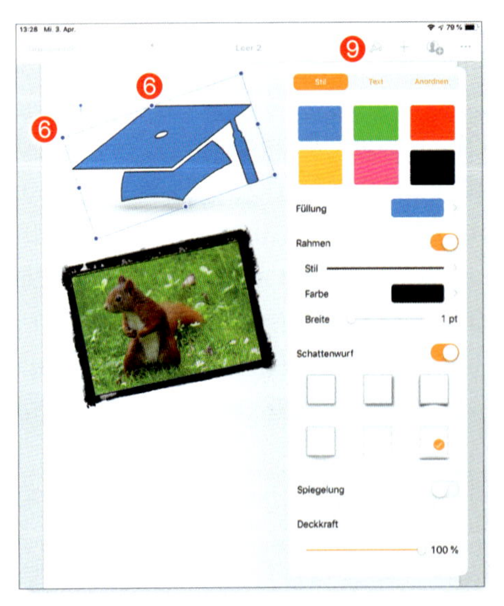

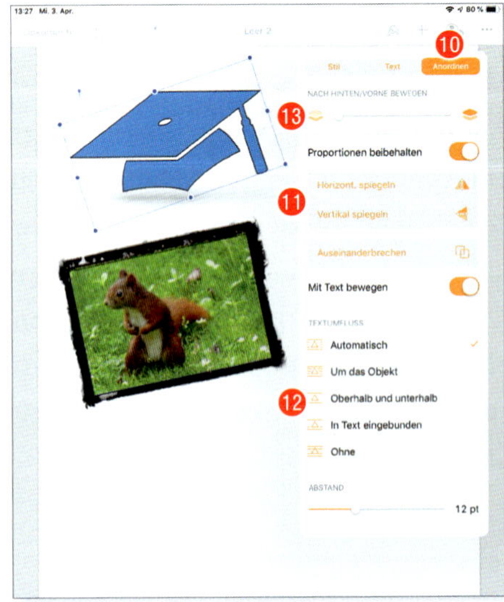

Pages bietet eine Vielzahl von Formatierungsmöglichkeiten für die platzierten Elemente.

Das Aussehen der Elemente können Sie über das *Formatmenü* ❾ ändern. Je nach ausgewähltem Element stehen dort unterschiedliche Formatierungsmöglichkeiten zur Verfügung. In der Kategorie *Anordnen* ❿ lässt sich das Element dann auch spiegeln ⓫, vom Text umfließen ⓬ und in den Vorder- bzw. Hintergrund legen ⓭.

Platzierte Fotos bieten noch eine kleine Besonderheit. Sie können den Bildausschnitt des Fotos ändern. Wie das funktioniert, können Sie auf Seite 60 nachlesen.

Tabellen

Zu einem Pages-Dokument gehören nicht nur Texte und Bilder, sondern auch Tabellen. Die App hat eine Reihe von vordefinierten Tabellen, die mit automatischer Tabellenkopf-, Zeilen- und Spaltenformatierung arbeiten. Zum Einfügen einer Tabelle müssen Sie das *Plus-Symbol* ❶ rechts oben antippen und dort zur Kategorie *Tabellen* ❷ wechseln. Sie können durch die Tabellenvorlagen blättern, wenn Sie mit dem Finger nach links bzw. rechts wischen. Damit eine Tabelle eingefügt wird, müssen Sie nur auf die gewünschte Vorlage tippen, und schon ist sie auf der Seite platziert.

Das Aussehen der Tabelle und die Anzahl der Zeilen und Spalten können Sie jederzeit nachträglich ändern. Sie müssen die Tabelle dafür nur antippen. Mit den Reglern für Zeilen und Spalten ❸ können Sie die Anzahl der Zeilen und Spalten verändern. Alternativ dazu lässt sich die Anzahl der Zeilen und Spalten auch im Formatmenü ❺ ändern. Mit den Anfassern an den Seiten und Ecken ❹ können Sie die Breite und Höhe der Tabelle beeinflussen.

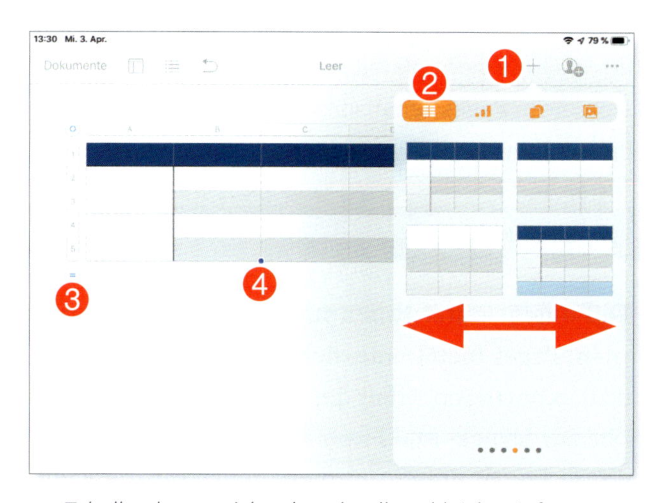

Tabellen lassen sich sehr schnell und leicht einfügen.

Die Zeilen und Spalten lassen sich auch individuell bearbeiten. Dazu müssen Sie nur die jeweilige Zeile bzw. Spalte antippen. Danach können Sie deren Höhe bzw. Breite ändern, sie verschieben oder auch entfernen.

Das Aussehen der Tabelle kann mit den Funktionen im *Format-Menü* ❺ angepasst werden. Dort gibt es umfangreiche Einstellungsmöglichkeiten für die Tabelle und die einzelnen Zellen. In der Kategorie *Zellen* lassen sich dann auch die Linien der Tabelle verändern (*Rahmenstil*) ❻. Und im Bereich *Format* ❼ können Sie die Art des Zelleninhalts anpassen.

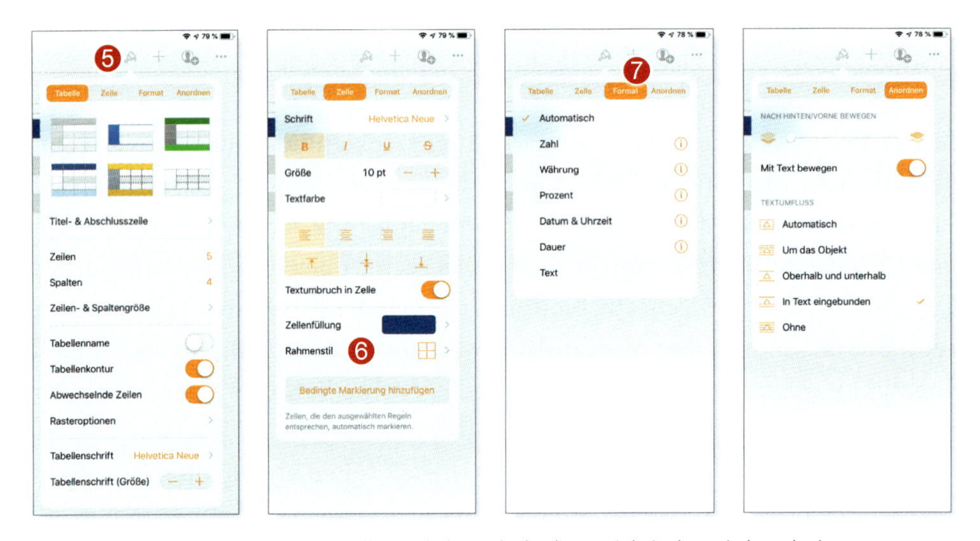

Das Aussehen der Tabelle und des Inhalts lässt sich jederzeit bearbeiten.

Diagramme

Genauso wie bei den Tabellen bietet Pages eine umfangreiche Sammlung an Diagrammen an, die im Dokument platziert werden können. Das Einfügen von Diagrammen funktioniert in Pages genauso wie in Keynote. Die Vorgehensweise zum Einfügen und Bearbeiten von Diagrammen erfahren Sie deswegen ab Seite 64.

Drucken und Exportieren

Das schönste Dokument nützt Ihnen nichts, wenn Sie es nur auf dem iPad betrachten können. Pages bietet natürlich auch Möglichkeiten, ein Dokument zu drucken und zu exportieren. Über das Menü mit den drei Punkten ❶ rechts oben gelangen Sie zur Druck- und Exportfunktion.

Wenn Sie auf *Drucken* ❷ tippen, wird ein neues Fenster geöffnet, in dem Sie zuerst den Drucker auswählen müssen ❸. Das Dokument kann auf allen Druckern ausgegeben werden, die mit AirPrint kompatibel sind. Eine Liste solcher Drucker können Sie unter *https://support.apple.com/de-de/HT201387* einsehen. Je nach ausgewähltem Drucker stehen Ihnen dann noch zusätzliche Einstellungsmöglichkeiten zur Verfügung. Im unteren Bereich sehen Sie die Seiten, die gedruckt werden. Sie können nicht benötigte Seiten mit einem Fingertipp auf das Häkchen ❹ vom Druck ausschließen. Sind alle Einstellungen gemacht, dann tippen Sie rechts oben auf *Drucken* ❺.

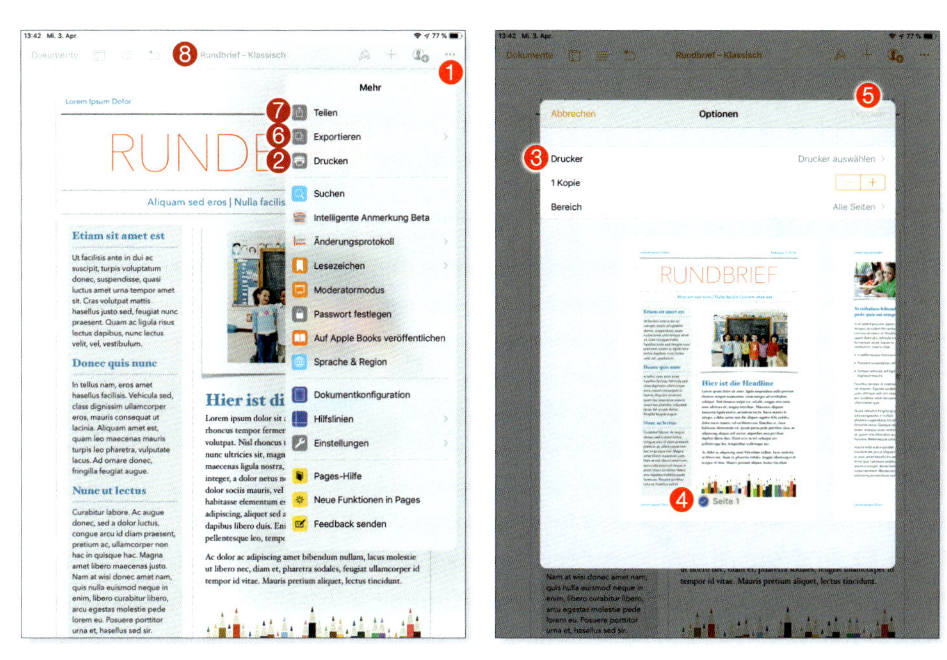

Mit AirPrint-kompatiblen Druckern können Sie Pages-Dokumente direkt auf dem iPad ausdrucken.

Pages hat auch noch die Möglichkeit, das Dokument in einem anderen Dateiformat zu exportieren. Falls Sie das Dokument als PDF haben möchten, ist das kein Problem. Sogar der Export im Microsoft-Word-Format ist eine Option. Wählen Sie dafür die Funktion *Exportieren* ❻. Anschließend müssen Sie noch festlegen, in welchem Dateiformat Ihr Dokument exportiert werden soll. Ist der Export abgeschlossen, fehlt nur noch die Entscheidung, wo das exportierte Dokument gesichert werden soll. Sie können das Dokument dann z. B. per E-Mail verschicken oder via AirDrop auf ein anderes iPad übertragen.

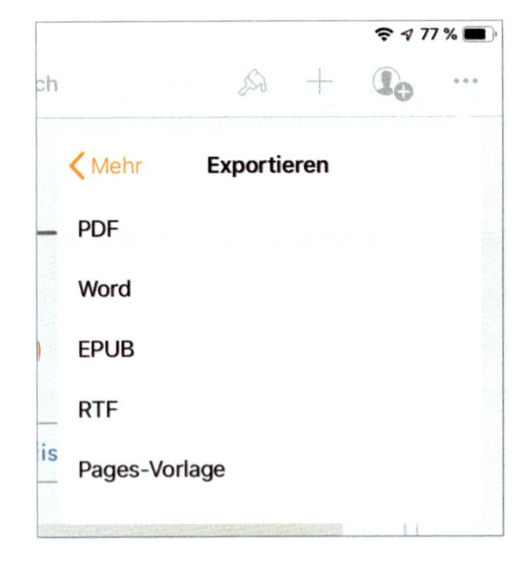

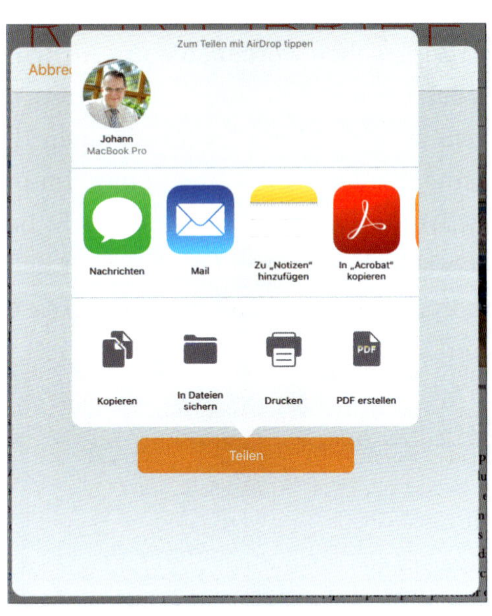

Stellen Sie ein, in welchem Dateiformat exportiert und wo die Datei gespeichert werden soll.

Teilen und Dokument benennen

Soll die Datei im gleichen Format weitergegeben werden, dann ist der Eintrag *Teilen* ❼ zu bevorzugen. Bevor Sie das aber tun, sollten Sie daran denken, das Dokument auch korrekt zu benennen. Tippen Sie hierfür auf den vorgegebenen Dateinamen ❽ (hier: *Rundbrief – Klassisch*) und tragen Sie die gewünschte Dokumentenbezeichnung ein.

Numbers

Numbers ist eine kostenlose App von Apple, um Tabellenkalkulationen zu erstellen. Dabei kann der Anwender auf eine Vielzahl von vordefinierten Tabellen zurückgreifen oder auch eigene erstellen. Die fertigen Dokumente können nicht nur ausgedruckt, sondern auch in andere Dateiformate exportiert werden.

Neue Tabelle erzeugen

Nach dem Start von Numbers müssen Sie auf das *Plus-Symbol* ❶ tippen, um ein neues Dokument anzulegen. Anschließend können Sie eine der zahlreichen Vorlagen wählen ❷. Die Vorlagen arbeiten mit vordefinierten Tabellen, Diagrammen, Arbeitsblättern, Farben und Elementen, die Sie dann nur noch Ihren eigenen Wünschen entsprechend ändern bzw. ersetzen müssen.

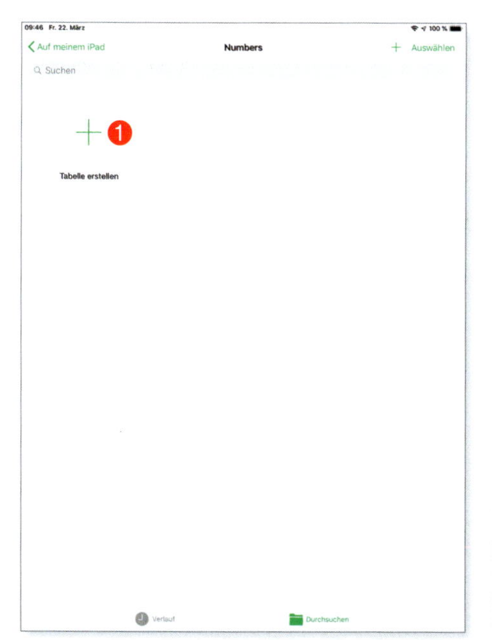

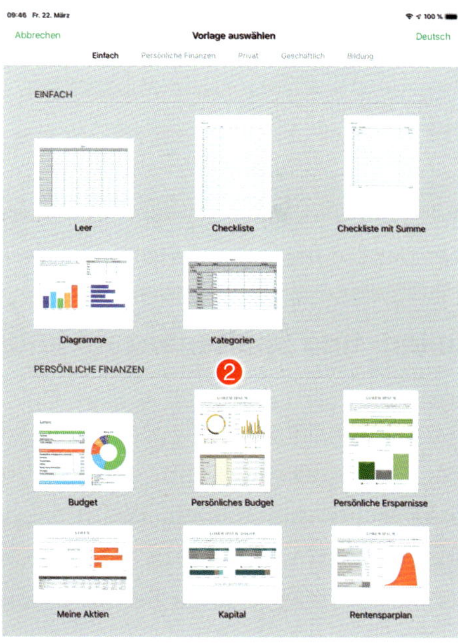

Numbers bietet für die verschiedensten Einsatzzwecke eine Vielzahl von Vorlagen.

Tabelle, Zeilen und Spalten einstellen

Wenn Sie eine leere Vorlage nutzen, müssen Sie unter Umständen noch die Tabelle einstellen. Dabei können Sie nicht nur die Anzahl der Zeilen und Spalten ändern, sondern auch die Breite und Höhe der Zeilen, Spalten und der Tabelle. Außerdem lassen sich die Zeilen und Spalten auch noch verschieben.

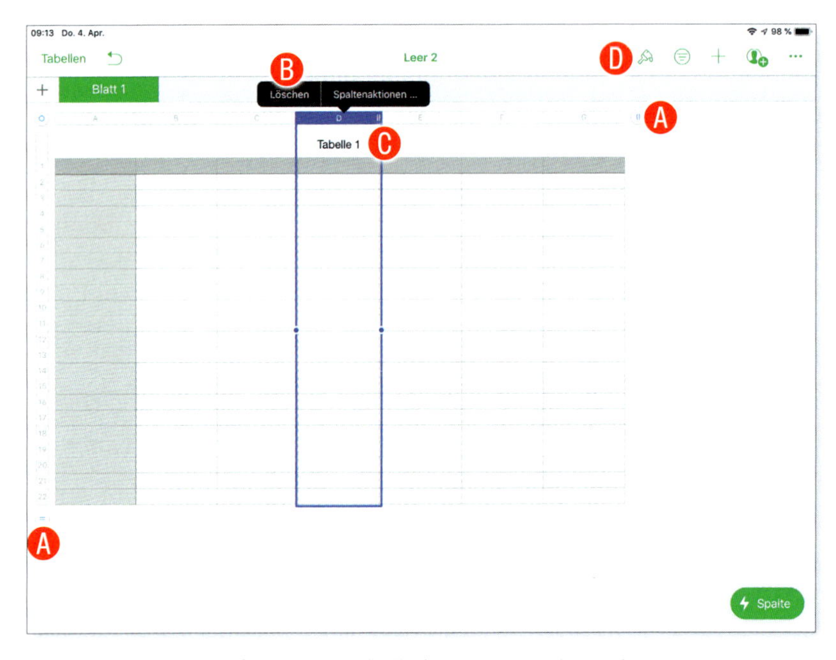

Die Eigenschaften einer Tabelle lassen sich sehr leicht anpassen.

Zeilen- und Spaltenanzahl ändern

Wenn Sie zusätzliche Zeilen oder Spalten benötigen oder diese reduzieren wollen, dann müssen Sie nur das Symbol **A** nehmen und nach oben/unten bzw. links/rechts verschieben. Wenn Sie hingegen mit dem Finger auf das Symbol tippen, dann wird jeweils nur eine Zeile bzw. Spalte hinzugefügt. Über das *Format-Menü* **D** können Sie im Bereich *Tabelle* die Zeilen- und Spaltenanzahl auch eintippen.

Zeilen und Spalten löschen, positionieren und ändern

Um eine Zeile oder Spalte zu löschen, müssen Sie nur auf die Zeilennummer bzw. Spaltenbezeichnung tippen. Dadurch wird ein Kontextmenü geöffnet, das die Funktion *Löschen* **B** enthält. Falls Sie die Breite bzw. Höhe ändern wollen, dann nehmen Sie das kleine schraffierte Symbol **C**. Und um die Zeile bzw. Spalte neu zu positionieren, müssen Sie nur die markierte Zeile bzw. Spalte mit dem Finger an eine andere Position verschieben.

Zellen verbinden

In einer Tabelle lassen sich ausgewählte Zellen verbinden, um damit eine Zelle zu erhalten, die über mehrere Zeilen bzw. Spalten gültig ist. Wenn Sie eine Anzahl von zusammenhängenden Zellen markiert haben, tippen Sie rechts unten auf die Schaltfläche *Zelle* und wählen dann die Funktion *Zellen verbinden* **E** aus. Über das gleiche Menü können Sie verbundene Zellen wieder voneinander trennen (*Zellen teilen*).

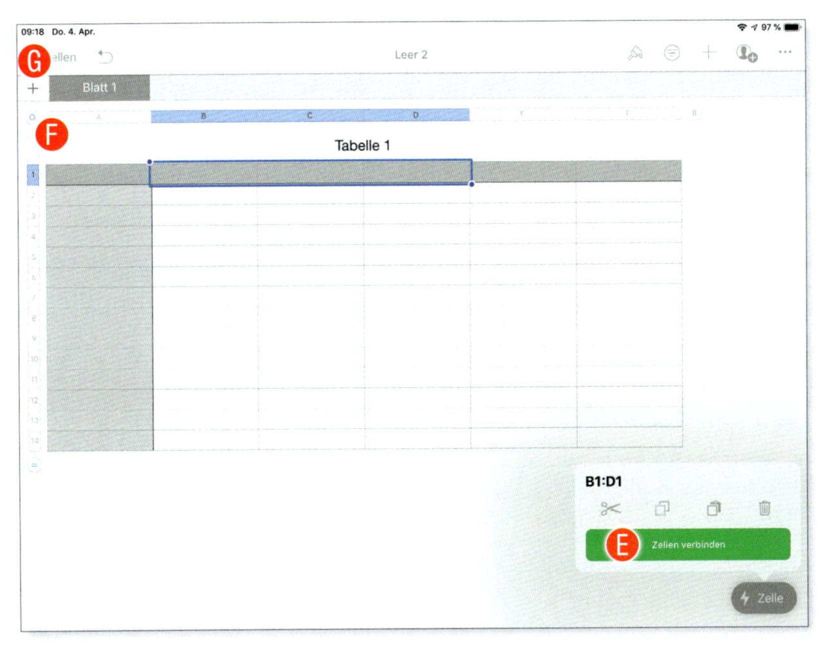

Für komplexere Tabellengerüste können zusammenhängende Zellen miteinander verbunden werden.

Tabelle skalieren

Sogar die Gesamtgröße der Tabelle können Sie ändern. Dazu müssen Sie nur auf das Symbol **F** tippen, um die Tabelle auszuwählen. Mit den Anfassern an den Seiten bzw. Ecken können Sie dann die gesamte Tabelle inklusive Inhalt vergrößern bzw. verkleinern.

Neues Arbeitsblatt

Benötigen Sie eine zweite Tabelle, dann müssen Sie ein zusätzliches Arbeitsblatt anlegen. Tippen Sie dazu auf das *Plus-Symbol* G links oben. Den Namen eines Arbeitsblatts können Sie übrigens ändern, wenn Sie einen Doppeltipp ausführen. Wenn Sie den Namen nur einmal antippen, öffnet sich das Kontextmenü, mit dessen Hilfe Sie ein Arbeitsblatt nicht nur löschen, sondern auch duplizieren können.

Tabelle formatieren

Das Aussehen einer Tabelle kann individuell angepasst werden. Dazu reicht es aus, wenn Sie in der Tabelle etwas ausgewählt haben, z. B. eine einzelne Zelle. Im *Format-Menü* 1 können Sie dann in der Kategorie *Tabelle* 2 das Aussehen anpassen. In den *Rasteroptionen* 3 lässt sich festlegen, welche Linien ein- bzw. ausgeblendet sein sollen.

Um das Aussehen einer oder mehrerer Zellen, Zeilen oder Spalten zu ändern, müssen diese natürlich zuvor ausgewählt werden. Danach können Sie in der Kategorie *Zelle* 4 nicht nur die Hintergrundfarbe wechseln, sondern auch das Aussehen des Inhalts einstellen. Neben der Schriftart, Schriftgröße und Ausrichtung lassen sich auch die Linien der ausgewählten Zellen ändern (*Rahmenstil*) 5.

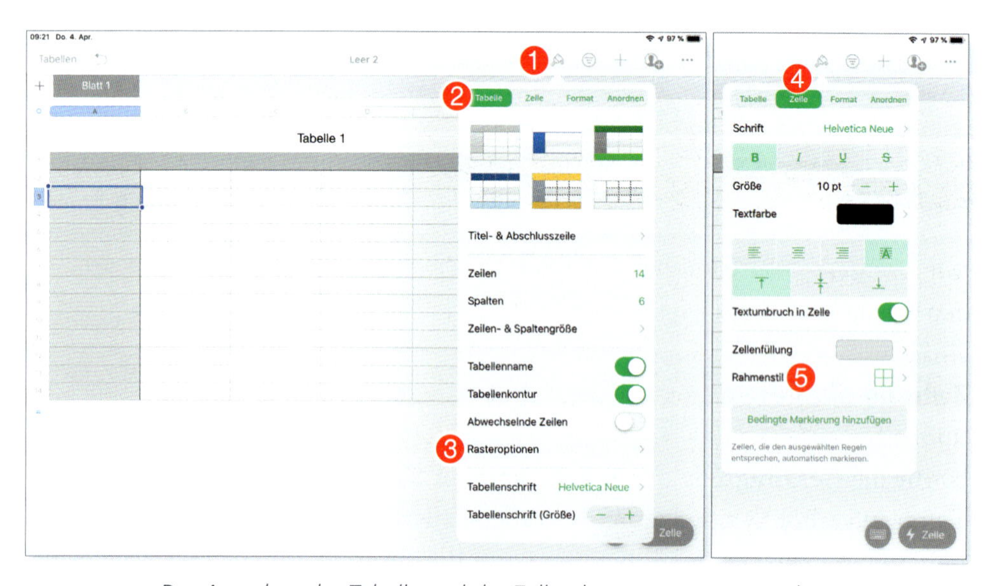

Das Aussehen der Tabelle und der Zellen kann angepasst werden.

Zellenformat einstellen

Da Numbers eine Tabellenkalkulation ist, ist es nötig, den Zellen mitzuteilen, welche Art von Inhalt sie enthalten sollen. Dabei haben Sie die Auswahl zwischen vielen verschiedenen Inhaltsformaten. Wenn Sie Zellen, Zeilen oder Spalten markieren, lässt sich im *Format-Menü* **A** in der Kategorie *Format* **B** die Art des Inhalts festlegen. Wenn Sie z. B. in den Zellen ein Kontrollkästchen für eine Checkliste benötigen, dann wählen Sie die Option *Markierungsfeld*. Sollen die Zellen z. B. einen Eurobetrag enthalten, dann nehmen Sie die Option *Währung* **C**. Mit einem Fingertipp auf das *i-Symbol* **D** können Sie die jeweiligen Formate noch anpassen, falls Sie z. B. keine Euro-Währung wollen, sondern lieber US-Dollar.

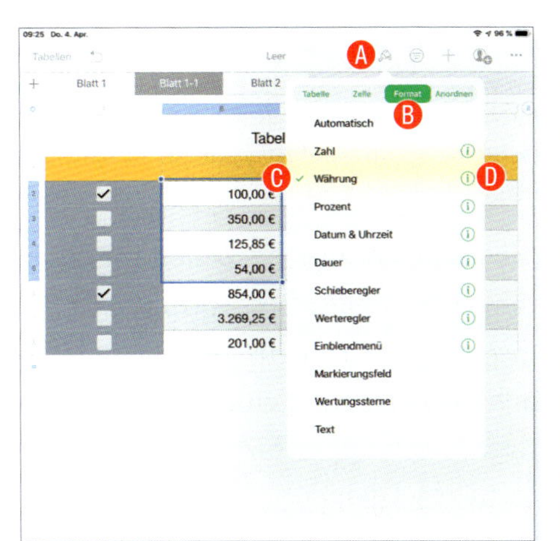

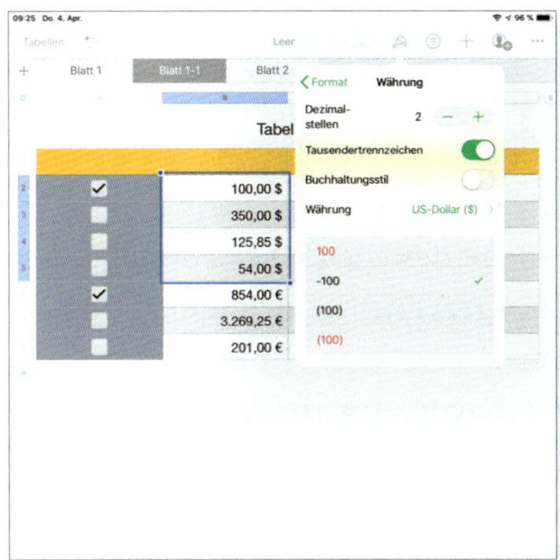

Bestimmen Sie, welchen Inhalt die Zellen haben sollen.

Formeln anwenden

Mit einer Tabellenkalkulation werden Berechnungen durchgeführt. Dazu werden Formeln für die einzelnen Zellen benötigt. Dabei kann die Formel eine einfache Summenberechnung oder eine komplexere Gleichung sein. Um einer Zelle eine Formel zuzuweisen, müssen Sie sie zuerst markieren. Anschließend tippen Sie auf die Schaltfläche *Zelle* **1**, um die Eigenschaften zu öffnen. Dort können Sie entweder eine der *Vordefinierten Formeln* **2** verwenden oder eine eigene *Neue Formel* **3** erstellen.

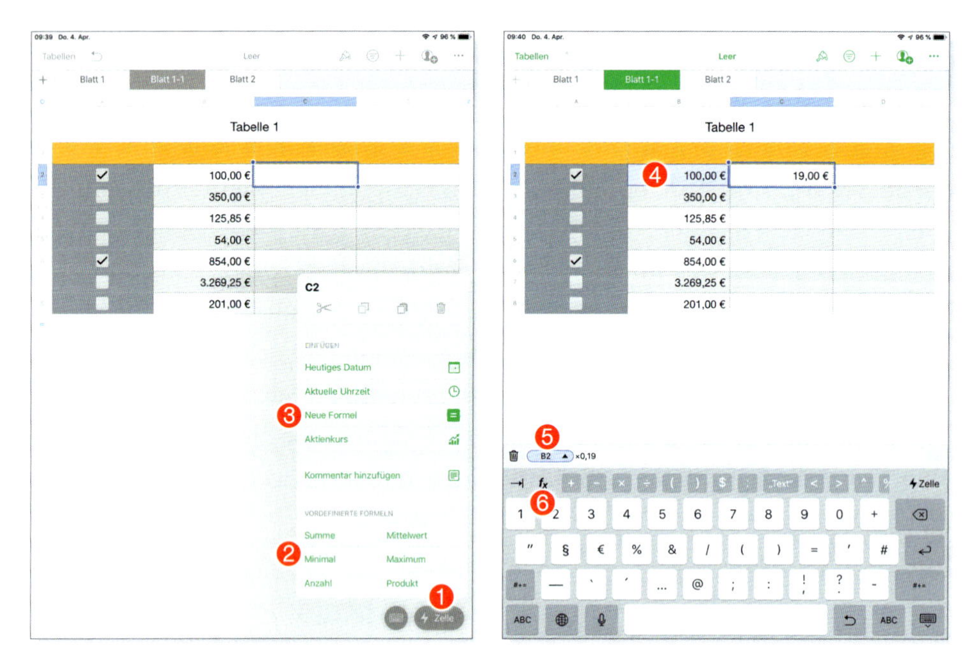

Für die markierte Zelle wird eine Formel zur Berechnung der Mehrwertsteuer angelegt.

Beim Erstellen einer Formel müssen Sie angeben, welche Zellen miteinander verrechnet werden sollen. Das geschieht durch einfaches Antippen ❹. Mit jedem Fingertipp wird die Koordinate der getippten Zelle in das *Formelfeld* ❺ übernommen. Danach müssen Sie nur noch die Gleichung eingeben. Wenn Sie komplexere Berechnungsmethoden benötigen, dann tippen Sie auf das *fx-Symbol* ❻. Damit haben Sie Zugriff auf eine Vielzahl von Gleichungen.

Formeln wiederholen

Wenn Sie eine Formel für eine Zelle erstellt haben, dann kann diese Formel automatisch auf andere Zellen übertragen werden. Markieren Sie dafür die Zelle, die die Formel enthält, und tippen Sie anschließend rechts unten auf *Zelle* Ⓐ. Im Eigenschaftsmenü wählen Sie anschließend die Funktion *Zellen automatisch füllen* Ⓑ. Die Zelle erhält dadurch eine gelbe Umrandung Ⓒ. Jetzt müssen Sie nur noch den gelben Rahmen erweitern, um die Formel zu übertragen Ⓓ.

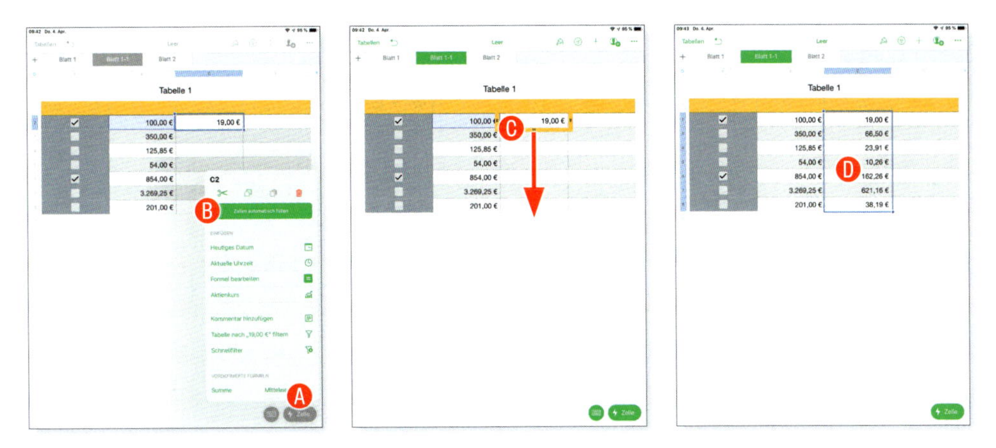

Eine Formel lässt sich ganz leicht auf andere Zellen übertragen.

Elemente hinzufügen und bearbeiten

Wenn Sie zusätzliche Elemente auf dem Arbeitsblatt benötigen, dann ist das kein Problem. In Numbers lassen sich auch andere Elemente wie Diagramme, Grafiken, Symbole oder Bilder platzieren. Das Erscheinungsbild von vielen dieser Elemente lässt sich nachträglich anpassen. Das Einfügen und Bearbeiten von Elementen unterscheidet sich nicht vom Vorgehen bei den Apps Keynote und Pages. Deswegen können Sie die Vorgehensweise dafür ab Seite 73 nachlesen.

Diagramme

Diagramme sind ein wichtiges Mittel, um komplexe Entwicklungen optisch sichtbar zu machen. Numbers bietet eine Vielzahl von Diagrammen für die unterschiedlichsten Zwecke. Um die Zahlenwerte einer Tabelle in einem Diagramm darzustellen, müssen Sie zuerst die Zellen auswählen, die für die Diagrammerstellung verwendet werden sollen. Danach tippen Sie rechts unten auf *Zelle* A und wählen aus dem Menü die Funktion *Neues Diagramm erstellen* B aus. Danach legen Sie den Diagrammtyp fest, z. B. ein Tortendiagramm.

Die Daten einer Tabelle werden in ein Diagramm überführt.

Das Diagramm wird nun generiert und auf dem Arbeitsblatt platziert. Wenn Sie es markieren, dann können Sie es über das *Format-Menü* Ⓒ anpassen. Außerdem lässt sich die Größe und Position auf dem Arbeitsblatt ändern, indem Sie die Seitenanfasser Ⓓ verschieben bzw. das Diagramm mit dem Finger neu positionieren. Der Blickwinkel eines 3D-Diagramms kann mit dem Symbol in der Mitte Ⓔ sehr leicht verändert werden. Natürlich wird das Diagramm automatisch angepasst, wenn Sie in der Tabelle etwas ändern.

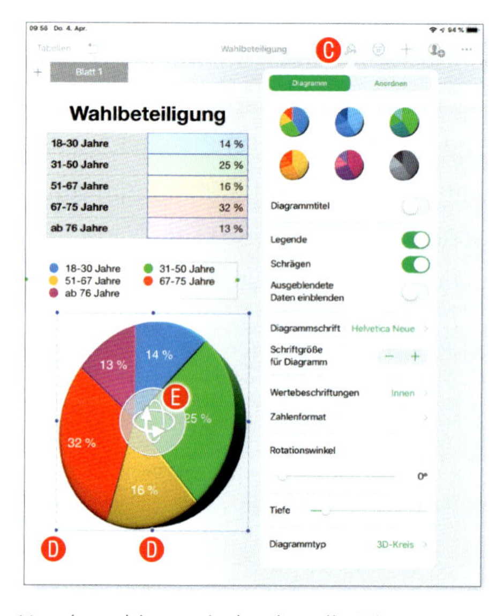

Numbers bietet eindrucksvolle Diagramme.

Drucken und Exportieren

Tabellen und Diagramme sind zwar ganz nett auf dem Bildschirm, aber besser machen sie sich, wenn sie ausgedruckt sind. Über das Menü mit den drei Punkten ❶ rechts oben gelangen Sie zu den Druck- und Exportfunktionen.

Wenn Sie auf *Drucken* ❷ tippen, wird ein neues Fenster geöffnet, in dem Sie zuerst festlegen müssen, wie die Tabellen bzw. Arbeitsblätter ausgedruckt werden. Am unteren Rand können Sie die Ausrichtung ❸ und die Ausgabegröße ❹ anpassen. Wenn Sie dann auf *Drucken* ❺ tippen, müssen Sie den Drucker auswählen ❻. Das Dokument kann auf allen Druckern ausgegeben werden, die mit AirPrint kompatibel sind. Je nach ausgewähltem Druck stehen Ihnen dann noch zusätzlich Einstellungsmöglichkeiten zur Verfügung. Sind alle Einstellungen vorgenommen, dann tippen Sie rechts oben auf *Drucken* ❼.

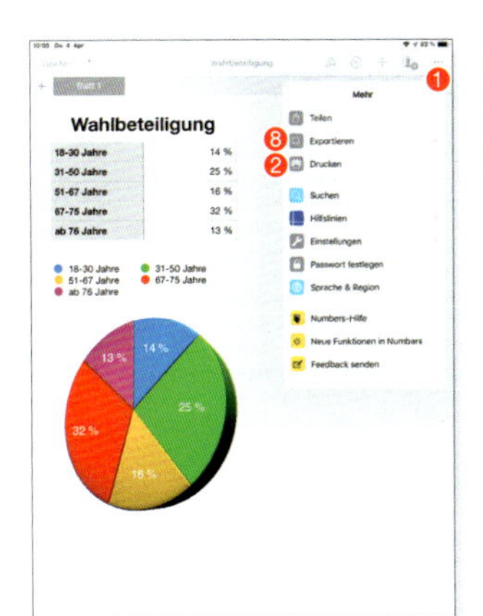

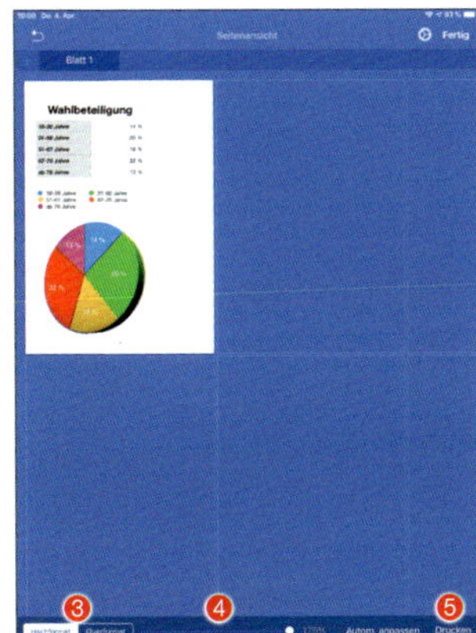

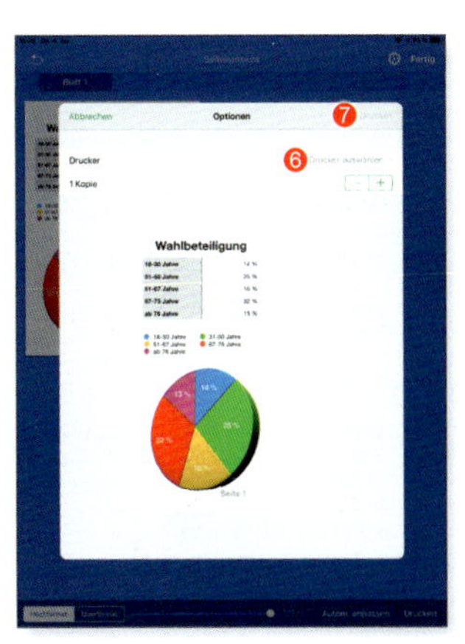

Mit AirPrint-kompatiblen Druckern können Sie Tabellen und Diagramme direkt vom iPad aus ausdrucken.

Numbers hat auch noch die Möglichkeit, das Dokument in einem anderen Dateiformat auszugeben, sprich: es zu exportieren. Falls Sie das Dokument als PDF haben möchten, ist das kein Problem. Sogar der Export im Microsoft-Excel-Format ist möglich. Wählen Sie dafür die Funktion *Exportieren* ❽. Anschließend müssen Sie noch festlegen, welches Dateiformat erzeugt werden soll. Ist der Export abgeschlossen, fehlt nur noch die Entscheidung wo das exportierte Dokument gesichert werden soll. Sie können das Dokument dann z. B. per E-Mail verschicken oder via AirDrop auf ein anderes iPad übertragen.

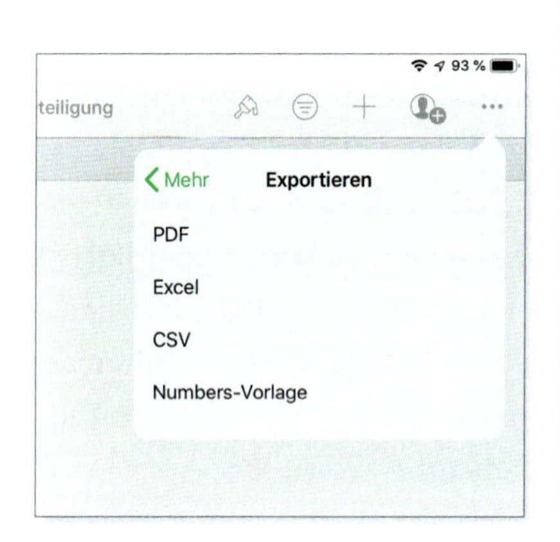

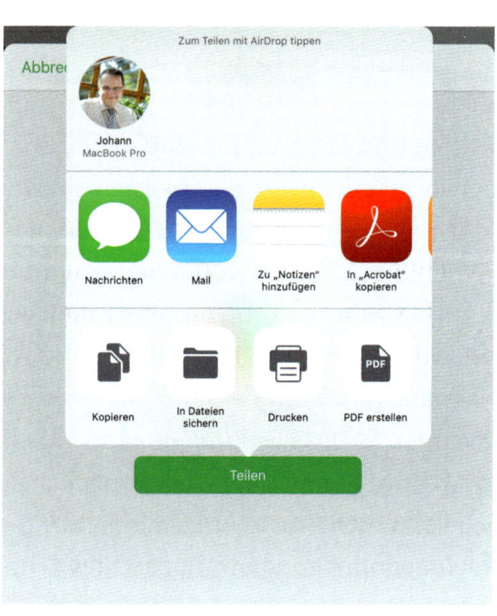

Stellen Sie ein, welches Dateiformat Sie brauchen und wo die Datei gespeichert werden soll.

Clips

Clips ist eine App von Apple, mit deren Hilfe Sie sehr schnell kurze, lustige Videoclips erstellen und verteilen können. Dabei lassen sich während und nach der Aufnahme Effekte und Texte einbinden. In der unteren Leiste finden Sie animierte *Live-Titel* ❶, die den gesprochenen Text in lesbaren Text umwandeln, und die *Effekte* ❷, die *Filter*, *Beschriftungen*, *Sticker* und *Emojis* enthalten. Zum Hinzufügen von Effekten müssen Sie nur das gewünschte Element antippen, um es anschließend auf dem Display beliebig zu platzieren. Mit dem Daumen und Zeigefinger können Sie die Elemente auch skalieren.

Um einen neuen Clip aufzunehmen, müssen Sie nur den großen roten Knopf auf dem Display gedrückt halten. Sobald Sie ihn loslassen, ist die Aufnahme beendet. Der Videoclip wird dann automatisch in die Clipleiste ❸ einsortiert. Am oberen Rand können Sie nicht nur die Kamera wechseln ❹, sondern noch zusätzlich Musikstücke ❺ aus Ihrer Mediathek hinzufügen. Ebenso besteht der Zugriff auf hochwertige Soundtracks, die aber zunächst heruntergeladen werden müssen.

Einen Videoclip kann man auch in mehreren Etappen aufnehmen. Jede Aufnahme wird automatisch der Clipleiste hinzugefügt. Von dort aus lassen sich die einzelnen Clips durch Antippen öffnen und nachbearbeiten. Bei der Nachbearbeitung können Sie Filter, Beschriftungen, Sticker und Emojis hinzufügen bzw. entfernen. Außerdem kann der Clip gekürzt oder auch gelöscht werden. Wollen Sie alle Aufnahmen nacheinander abspielen, tippen Sie auf den Play-Button ❻.

Wenn Sie mit der Bearbeitung fertig sind, lässt sich das Endergebnis als Video verschicken oder in der App Fotos sichern. Dazu tippen Sie rechts unten auf das Teilen-Symbol ❼ und wählen die gewünschte Funktion aus. Wenn Sie einen neuen Videoclip erstellen oder auf das Archiv der bereits erstellten Clips zugreifen wollen, dann tippen Sie links oben auf das entsprechende Symbol ❽.

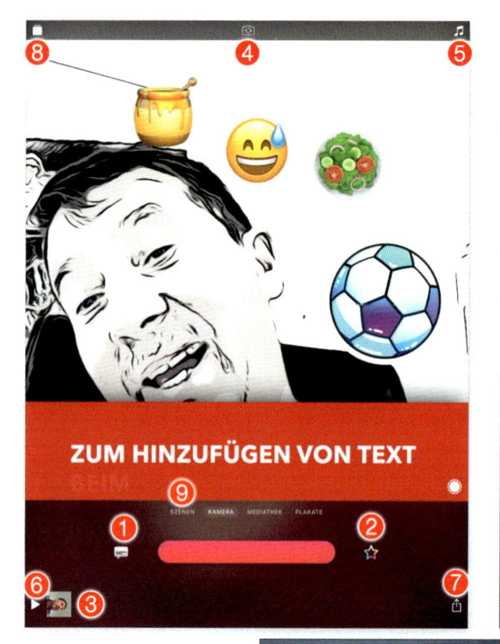

Mit „Clips" lassen sich sehr schnell kurze, lustige Videosequenzen erstellen. Verfügt Ihr iPad gar über eine True Depth-Kamera, dann können Sie via „Szenen" ❾ extrem coole Selfie-Filme drehen, bei denen die Realität mit einer Fantasiewelt versehen wird (unten).

iMovie

iMovie ist der große Bruder der App Clips. Mit iMovie lassen sich ganze Filme produzieren. Mit der App können Sie Videos importieren, bearbeiten und exportieren. Dabei bietet die App eine Fülle an Möglichkeiten für den Videoschnitt.

iMovie unter iOS ist in drei Hauptbereiche aufgeteilt, und zwar in die Bereiche *Video*, *Projekte* und *Theater*. Der Bereich *Video* enthält alle Filmclips, die mit dem Gerät aufgenommen oder auf das Gerät übertragen wurden und zur Verwendung in einem Projekt bereitstehen. Im Bereich *Projekte* befinden sich alle mit iMovie erstellten Filmprojekte und Trailer. Der letzte Bereich, *Theater*, enthält alle auf iCloud veröffentlichten Filme.

Videoübersicht

Wie bereits erwähnt, enthält der Bereich *Video* alle auf dem iOS-Gerät verfügbaren Filmclips, die in iMovie verwendet werden können. Dabei greift die App auf das Album *Videos* der App *Fotos* zurück. Das bedeutet also, alle Videoaufnahmen, die Sie mit dem iPad gemacht haben, sind in iMovie verfügbar.

Die Videoübersicht dient dazu, Filmclips zu betrachten und in ein Filmprojekt zu übernehmen. Dabei kann der Anwender auch nur Teile eines Filmclips für die Verwendung auswählen. Ebenso können die Filmclips sortiert und als Favoriten gekennzeichnet werden.

Sobald Sie einen Filmclip in der Übersicht auswählen, werden nicht nur die Bearbeitungs- bzw. Markierungsfunktionen sichtbar, sondern Sie können ihn auch mithilfe des Abspielbuttons A betrachten. Falls Sie nur einen Ausschnitt in ein Projekt übernehmen wollen, ziehen Sie den gelben Auswahlrahmen an der linken oder rechten Seite B. Damit wird der Filmclip zugeschnitten und nur der ausgewählte Teil in ein Projekt übernommen.

Haben Sie einen Clip bzw. Ausschnitt gewählt, können Sie ihn via *Teilen* C einem Projekt hinzufügen bzw. ein neues Projekt damit erstellen. Dazu wählen Sie im Menü die Funktion *Film erstellen* D. Anschließend können Sie auswählen, ob ein neuer Film erstellt werden soll oder welchem Projekt der Clip hinzugefügt wird.

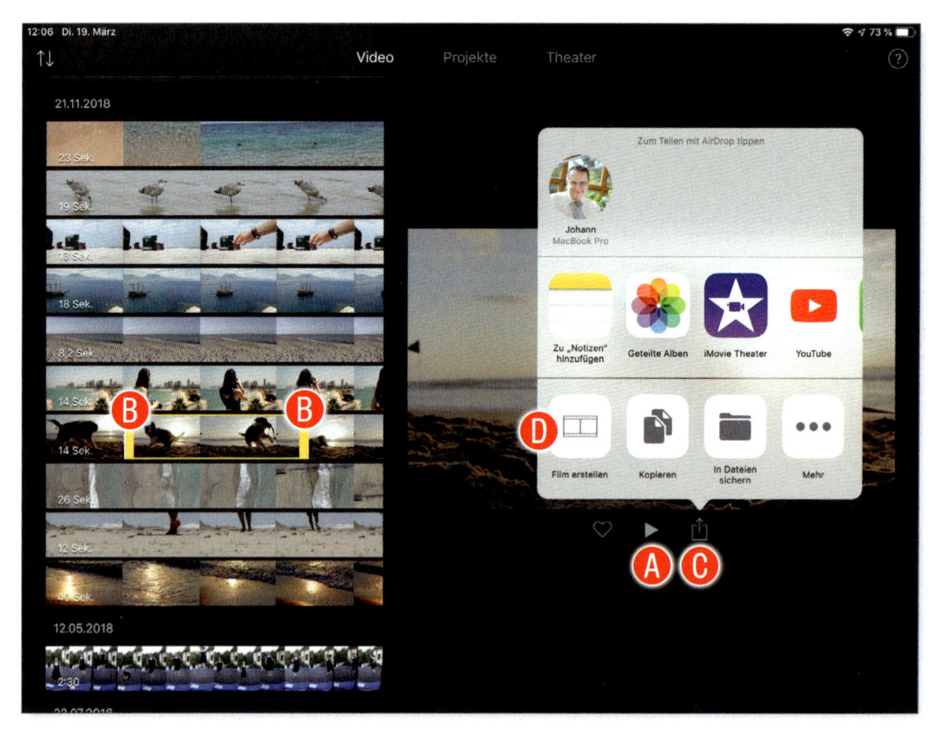

In der „Videoübersicht" sind alle Videos aufgelistet, die auf dem iPad gespeichert sind.

Projektübersicht

In der Projektübersicht sind alle mit iMovie erstellten Projekte (Filme und Trailer) aufgelistet und werden dort auch verwaltet. Im Hauptbereich ❶ befinden sich die Filme und Trailer, die mit einem Miniaturbild angezeigt werden.

Mit der Plus-Taste ❷ können Sie neue Filme oder Trailer anlegen. Um einen Film oder Trailer für die Bearbeitung zu öffnen, müssen Sie auf die Miniaturdarstellung tippen ❸. Dadurch werden die *Informationen* des Films bzw. Trailers geöffnet.

In den Filminformationen können Sie einen Film bzw. Trailer umbenennen, löschen, weitergeben und im Vollbildmodus betrachten. Um den Namen zu ändern, tippen Sie den Namen ❹ ganz einfach an. Direkt unter dem Namen ❺ werden die Länge und das Änderungsdatum angezeigt. Um den Film im Vollbildmodus zu betrachten, tippen Sie auf die Taste ❻. Zur Weitergabe des Films verwenden Sie die *Teilen*-Taste ❼. Die Taste mit dem Mülleimer ❽ dient natürlich zum Löschen des Films bzw. Trailers. Um nun das Projekt zu öffnen und den Filmschnitt durchzuführen, tippen Sie auf *Bearbeiten* ❾. Zurück zur Projektübersicht gelangen Sie links oben ❿.

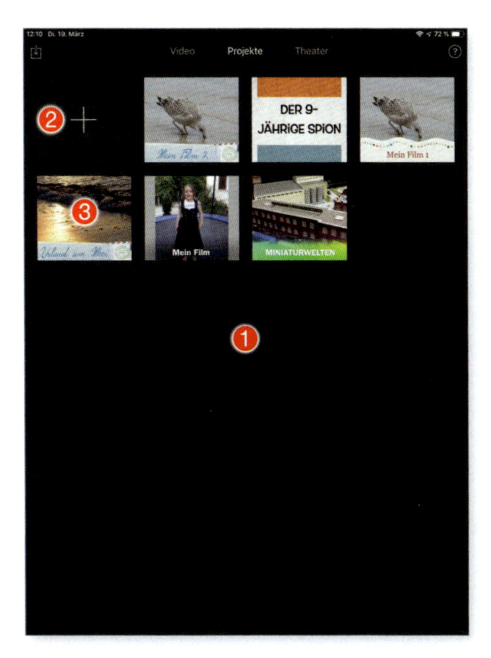

Die Übersicht über die iMovie-Projekte (links) und die Filminformationen eines Projekts (rechts).

Ein neues Projekt anlegen

Zuerst benötigen Sie ein neues Projekt. Dazu müssen Sie in der *Projekte*-Übersicht auf das Plus-Symbol links oben tippen. Ein Projekt kann in iMovie aus einem normalen *Film* oder einem *Trailer* bestehen. Trailer sind kurze Filme, die für Ankündigungen verwendet werden, z. B. für einen Kinoabend mit der Familie oder für ein Event in einem Blog.

Nachdem Sie *Film* gewählt haben, werden Sie aufgefordert, die Videos und Bilder zu bestimmen, die im Film enthalten sein sollen. Sie können diesen Schritt auch überspringen, wenn Sie auf *Film erstellen* tippen. Videos und Bilder lassen sich auch zu einem späteren Zeitpunkt zum Film hinzufügen.

Wenn der Film angelegt ist, sollten Sie als Nächstes ein Thema für den Film wählen. Das gewählte Thema bestimmt nicht nur, welche Standardüberblendungen verwendet werden, sondern auch das Aussehen von Titeln und die Hintergrundmusik. iMovie bietet Ihnen sieben verschiedene Themen mit unterschiedlichem Aussehen an. Das Thema kann jederzeit geändert bzw. gewechselt werden. Sie müssen sich also nicht sofort endgültig entscheiden. Das Thema können Sie festlegen, wenn Sie auf das Zahnradsymbol für die *Projekteinstellungen* tippen. Im Bereich *Thema* können Sie dann das Thema wechseln.

Die Oberfläche für die Filmbearbeitung ist in drei Bereiche aufgeteilt: in die *Vorschau* bzw. den *Viewer* ❶, die *Mediathek* ❷ und in den *Schnittbereich* ❸ bzw. die *Timeline*. Um die Filmbearbeitung wieder zu verlassen, verwenden Sie die Funktion *Fertig* ❹ links oben. Dadurch gelangen Sie zurück zur Projektübersicht.

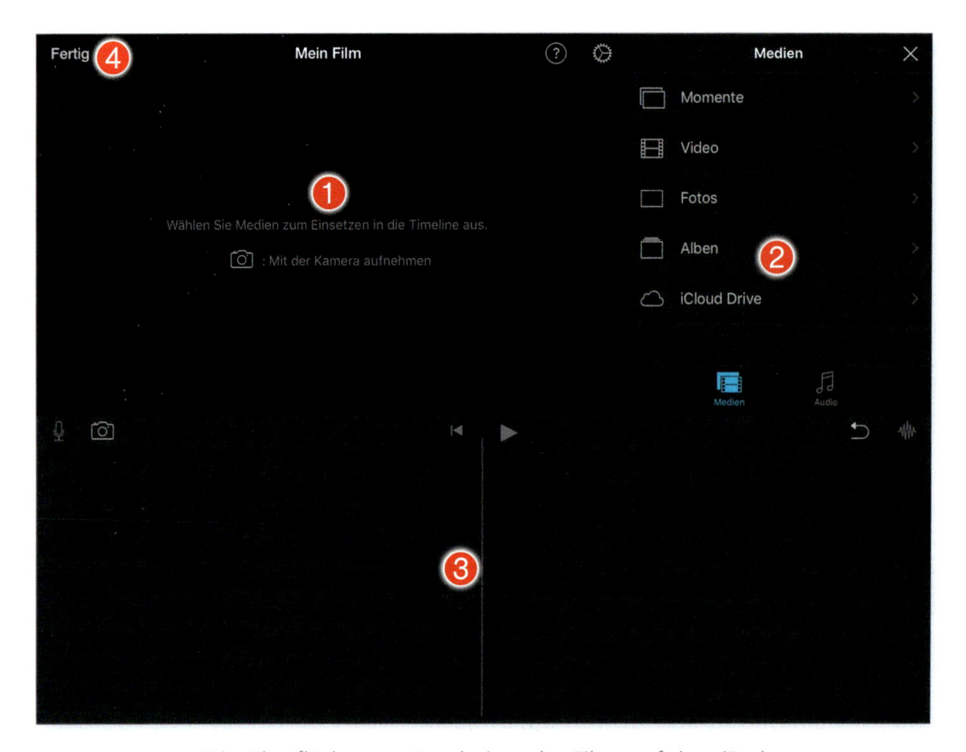

Die Oberfläche zum Bearbeiten des Films auf dem iPad

Filmclips hinzufügen

Der nächste Schritt besteht darin, den Film mit Clips zu füllen. Je nach gewähltem Filmthema werden automatisch Übergänge zwischen den Clips hinzugefügt. Dazu benötigen Sie die *Mediathek*.

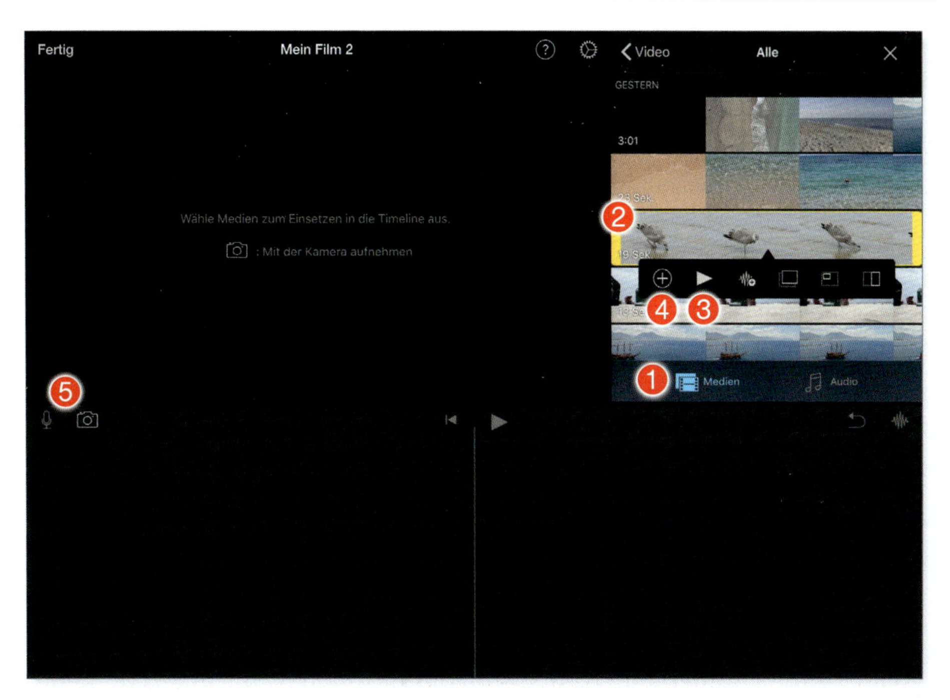

In der Mediathek werden alle verfügbaren Filmclips aufgelistet und können von dort aus dem Film hinzugefügt werden.

Zuerst müssen Sie einen Clip in der Mediathek auswählen. Achten Sie bitte darauf, dass in der Mediathek die Kategorie Medien ❶ eingeblendet ist. Die Kategorie Medien ist in mehrere Bereiche unterteilt:

- *Momente/Fotos/Alben:* Diese Bereiche enthalten Bilder und Videos, die Sie in der App *Fotos* verwalten.
- *iCloud Drive* enthält alle Videos, die Sie zu iCloud hochgeladen haben.
- *Video* enthält alle Videos, die auf Ihrem iOS-Gerät vorhanden sind.

Ein ausgewählter Clip erhält eine gelbe Umrandung ❷. Den gelben Auswahlbereich können Sie am linken und rechten Rand verkürzen bzw. wieder verlängern, um somit nur einen Teil eines Clips hinzuzufügen. Eine Vorschau des ausgewählten Clips bzw. Clipbereichs erhalten Sie, wenn Sie auf den Abspielknopf ❸ tippen. Um nun den Clip bzw. Clipbereich dem Filmprojekt hinzuzufügen, tippen Sie auf das Plus-Symbol ❹.

Das iPad bietet auch eine direkte Methode für das Hinzufügen von Filmclips: die Aufnahme mit der integrierten Kamera. Im Hauptscreen finden Sie bei ❺ die Funktionen zum Aufnehmen von Film- und Audioclips. Wenn Sie auf das Kamerasymbol tippen, wird die integrierte Kamera aktiviert und Sie können direkt einen Film oder ein Foto aufnehmen, das dann sofort in die Timeline platziert wird. Audioaufnahmen werden mit der VoiceOver-Funktion gemacht.

Clips verschieben und entfernen

Clips werden normalerweise rechts vom Abspielkopf (das ist die senkrechte weiße Linie in der Timeline) eingefügt. Je nachdem, in welchem Bereich sich der Abspielkopf befindet, kann es schon mal passieren, dass ein Clip falsch positioniert wird. Das ist aber kein Problem, denn Sie können einen Clip jederzeit in der Timeline nach vorne oder hinten verschieben. Berühren Sie mit einem Finger den Clip in der Timeline und warten Sie zwei Sekunden, bis der Clip an Ihrem Finger „hängt". Nun können Sie ihn innerhalb der Timeline verschieben.

Auf ähnliche Weise wie das Verschieben funktioniert auch das Entfernen eines Clips aus der Timeline. Wenn Sie nämlich den Clip nach oben ziehen, bis eine kleine Wolke am Clip erscheint, wird er aus der Timeline gelöscht. Achten Sie beim Verschieben also genau darauf, wohin Sie ihn verschieben.

Es gibt noch eine zweite Möglichkeit, um einen Clip zu entfernen. Tippen Sie zuerst den Clip in der Timeline an, damit er ausgewählt ist. Anschließend können Sie die Löschen-Funktion (Mülleimersymbol) rechts unten verwenden.

Clips trimmen

Trimmen bedeutet, einen Filmclip auf die gewünschte Länge zuzuschneiden. Dabei wird aber kein Videomaterial gelöscht, sondern Teile des Clips werden nur ausgeblendet. Das bedeutet, Sie können das Trimmen zu jedem Zeitpunkt wieder rückgängig machen. Das Trimmen eines Clips kann man entweder in der Mediathek durchführen, um z. B. nur einen Teil eines Clips im Film zu verwenden, oder in der Timeline. Egal welchen Ort Sie bevorzugen, die Vorgehensweise ist immer dieselbe.

Wenn Sie einen Clip auswählen, erscheint immer ein gelber Auswahlrahmen um den Clip. Diesen Auswahlrahmen kann man an der linken und rechten Seite verkürzen. Dadurch wird der Clip beschnitten und nur ein Teil davon dargestellt. Während des Trimmens wird eine Sekundenanzeige eingeblendet, damit Sie die Dauer des Clips kontrollieren können.

Durch das Verschieben der Ränder wird ein markierter Clip getrimmt.

Clips teilen

Neben dem Beschneiden eines Clips kann in iMovie ein Clip auch geteilt werden. Auf diese Weise können Sie einen Teil des Clips innerhalb der Timeline an eine andere Position verschieben und dadurch sehr interessante und abwechslungsreiche Schnitte im Film erzeugen. Sie können die Funktion aber auch für das Trimmen verwenden.

Um nun einen Clip zu teilen, müssen Sie ihn zuerst in der Timeline markieren und anschließend den Abspielkopf auf die Position setzen, an der der Clip geteilt werden soll. Das erreichen Sie ganz einfach, indem Sie die Timeline mit dem Finger nach links oder rechts verschieben.

Der nächste Schritt ist ganz einfach: Entweder Sie streichen mit einem Finger senkrecht entlang des Abspielkopfs nach unten oder oben, oder Sie verwenden die eingeblendete Funktion *Teilen* aus der Kategorie *Aktionen*. Dadurch wird der Clip geteilt, und Sie können die beiden Teile unabhängig voneinander bearbeiten.

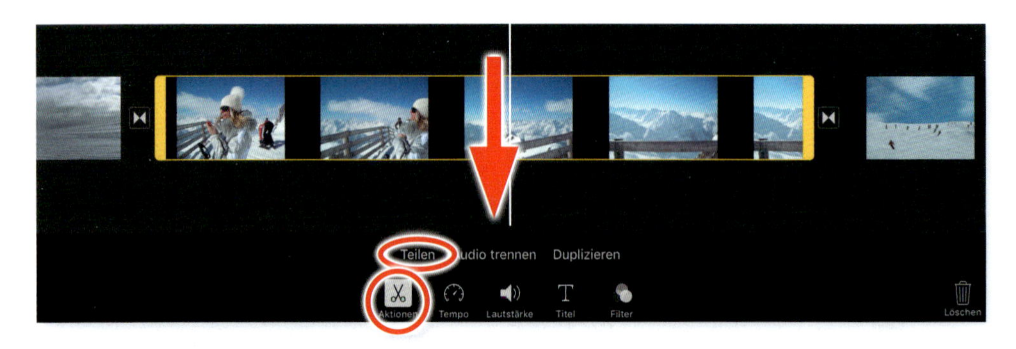

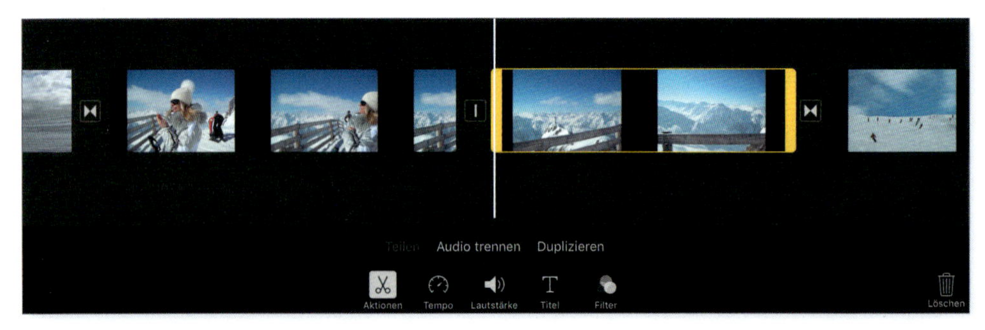

Ein Fingerwisch nach unten oder oben genügt (oben), um den Clip zu teilen (unten).

Projekt- und Clipfilter

Falls Ihnen das Aussehen Ihres Filmprojekts oder Clips zu langweilig erscheint, können Sie diverse Filter auf den gesamten Film bzw. auf einzelne Clips anwenden. iMovie bietet zehn verschiedene Filter an, um das Projekt oder einen Clip zu verfremden.

Den *Projektfilter* ❶ finden Sie in den *Projekteinstellungen* ❷ (das kleine Zahnradsymbol). Dort müssen Sie dann nur noch einen Filter antippen, um das Aussehen des gesamten Films zu ändern. Auf diese Weise können Sie z. B. den gesamten Film in Schwarz-Weiß inklusive Kratzer und Störungen ändern lassen.

Die Projektfilter ändern das Aussehen des gesamten Films.

Die Filtereinstellungen für die Clips erhalten Sie, wenn Sie einen Clip in der Zeitleiste markieren und anschließend auf die Kategorie *Filter* tippen. Damit werden direkt unterhalb des Clips die Filtereinstellungen sichtbar.

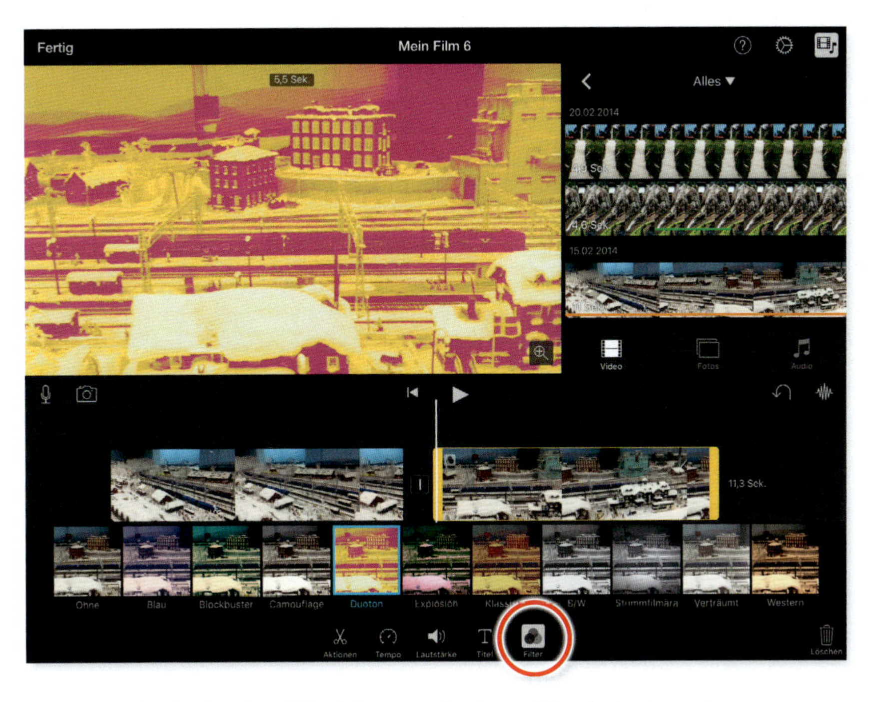

Auch einzelne Clips können mit einem Filter belegt werden.

Übergänge/Überblendungen

Die Übergänge werden von iMovie selbstständig eingefügt, sobald Sie einen Clip oder Clipbereich der Timeline hinzufügen. Die Art der Übergänge wird durch das jeweilige Thema des Films bestimmt. Ein Übergang kann aber von Ihnen nachträglich noch geändert oder entfernt werden.

Ein Übergang ist in der Timeline immer zwischen zwei Clips zu finden. Je nach Übergangsart wird er durch unterschiedliche Symbole dargestellt. Um nun einen Übergang zu ändern, müssen Sie ihn in der Timeline markieren ❶, indem Sie ihn mit dem Finger antippen. Der Übergang erhält eine gelbe Umrandung als Kennzeichnung für die Markierung.

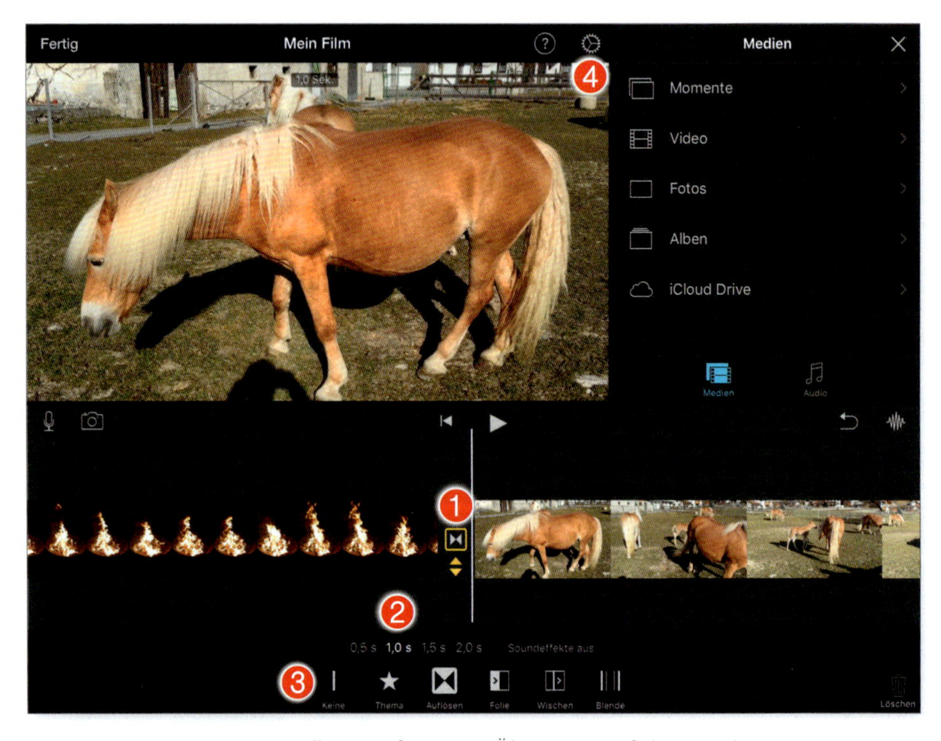

Die Einstellungen für einen Übergang auf dem iPad

Um die Länge des Übergangs zu ändern, tippen Sie die Sekundenanzeige ❷ an. Um die Art des Übergangs zu ändern, können Sie die Symbole am unteren Rand des Displays verwenden ❸.

Des Weiteren bietet iMovie eine automatische Ein- und Ausblendung für den Filmanfang und das Filmende an. Diese aktivieren Sie, indem Sie die *Projekteinstellungen* ❹ öffnen. Dort finden Sie einen Schalter für *Einblenden (schwarz)* und *Ausblenden (schwarz)*. Wenn Sie beide aktivieren, wird jeweils am Anfang und am

Ende des Films eine Ein- und Ausblendung zu einem schwarzen Hintergrund hinzugefügt. Die Ein- bzw. Ausblendung wird im ersten und letzten Clip in der Timeline mit einem Symbol gekennzeichnet. Daran können Sie sofort erkennen, ob die Funktionen aktiviert sind.

Filme veröffentlichen bzw. exportieren

Nachdem der Filmschnitt fertig ist, ist es an der Zeit, den fertigen Film zu veröffentlichen. Optimieren Sie Ihren Film zuletzt für die verschiedenen Zwecke, z. B. zum Hochladen zu YouTube oder zum Versand per E-Mail, und stellen Sie ihn bereit bzw. veröffentlichen Sie ihn. Die Weitergabe der fertigen Filme und Trailer findet in der *Projektübersicht* statt.

Wenn Sie einen Film oder Trailer antippen, öffnen sich die Filminformationen. Dort gibt es den Button *Teilen*. Dieser bietet unterschiedliche Möglichkeiten, den Film bzw. Trailer zu exportieren.

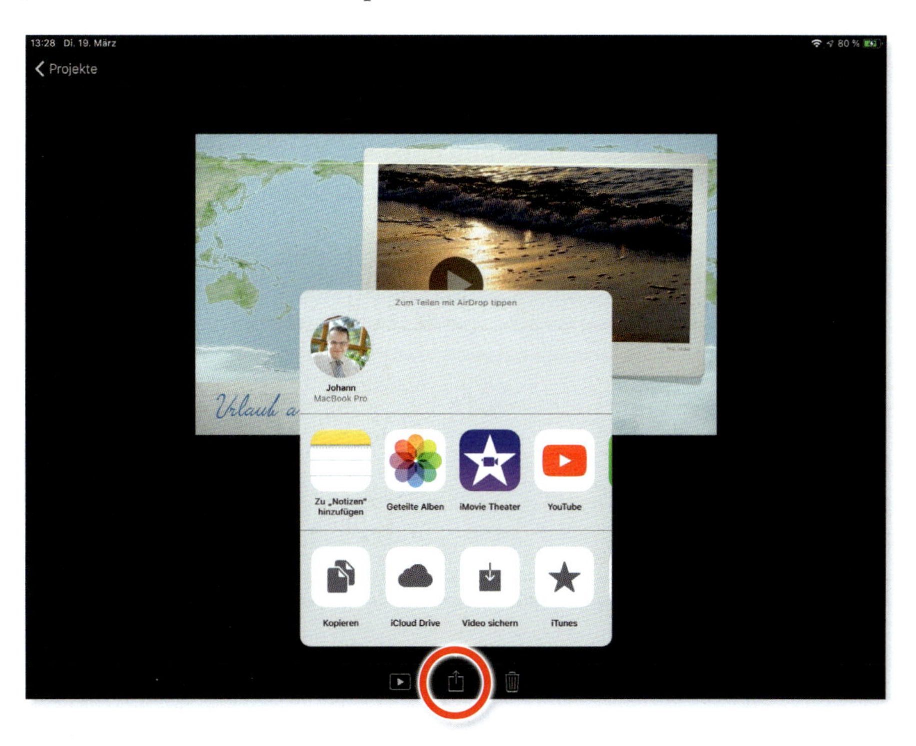

Es gibt eine Menge Möglichkeiten, einen Film weiterzugeben.

AirDrop

AirDrop ist eine tolle Funktion von iOS, um Daten von Ihrem Gerät an ein anderes in der unmittelbaren Umgebung zu verschicken, also eine direkte Übertragung von Gerät zu Gerät durchzuführen. Im Gegensatz zu den restlichen Teilen-Funktionen wird beim Einsatz von AirDrop das gesamte Projekt inklusive der verwendeten Clips übertragen. Damit können Sie also die Schnittdateien auf ein anderes iOS-Gerät übertragen und dort weiterbearbeiten.

Als Nächstes müssen Sie den Kontakt antippen, um auszuwählen, was übertragen werden soll: nur die Videodatei oder das ganze iMovie-Projekt. Sobald diese Frage beantwortet ist, beginnt die Übertragung des Projekts. Nach der Übertragung wird das Projekt geöffnet und Sie können es bearbeiten.

Video sichern

Eine weitere Möglichkeit des Exports ist die Sicherung des fertigen Films in der App *Fotos*. Dabei wird der exportierte Film im Album *Videos* auf dem iPad einsortiert. Wenn Sie die Funktion *Video sichern* verwenden, müssen Sie noch die Größe des exportierten Films bestimmen. Ist das geschehen, wird der Film in der ausgewählten Größe generiert und automatisch der App *Fotos* hinzugefügt.

GarageBand

GarageBand ist eine App von Apple, mit deren Hilfe man sehr einfach und schnell eigene Musikstücke komponieren kann. Dabei findet nicht nur der ambitionierte Musiker professionelle Funktionen, sondern auch der Laie kann, unterstützt durchviele Hilfsfunktionen, ein Musikstück komponieren.

Ein neues Musikstück beginnen

Bevor Sie beginnen, ein neues Musikstück zu erstellen, sollten Sie in der App *Einstellungen* bei *GarageBand –> Dokumentspeicher festlegen*, wo die Daten von GarageBand gespeichert werden sollen. Sie haben die Wahl zwischen dem *iCloud Drive* und der lokalen Speicherung *Auf meinem iPad*.

Wenn Sie die App starten, müssen Sie in der Übersicht auf das Plus-Symbol ❶ rechts oben tippen, um ein neues Musikstück anzulegen. Danach entscheiden Sie, auf welche Art und Weise Sie das Musikstück komponieren wollen. Sie haben die Wahl zwischen vorgefertigten Musikelementen (*Live Loops*) ❷ oder einzelnen Instrumenten (*Spuren*) ❸.

Mit den *Live Loops* stellt GarageBand Ihnen verschiedene kurze Musikstücke zur Verfügung, die in einer Schleife abgespielt werden. Dabei verwenden die Loops mehrere Musikinstrumente, um eine harmonische Melodie wiederzugeben. Wenn Sie hingegen *Spuren* verwenden, müssen Sie jedes einzelne Musikinstrument für Ihr Musikstück manuell hinzufügen und die Musik damit selbst aufnehmen. Die Live Loops sind perfekt für Laien geeignet, während sich die Spuren an Musiker richten.

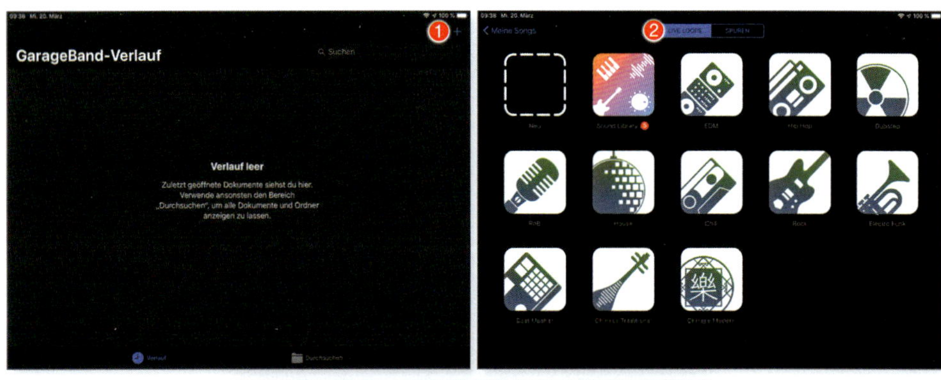

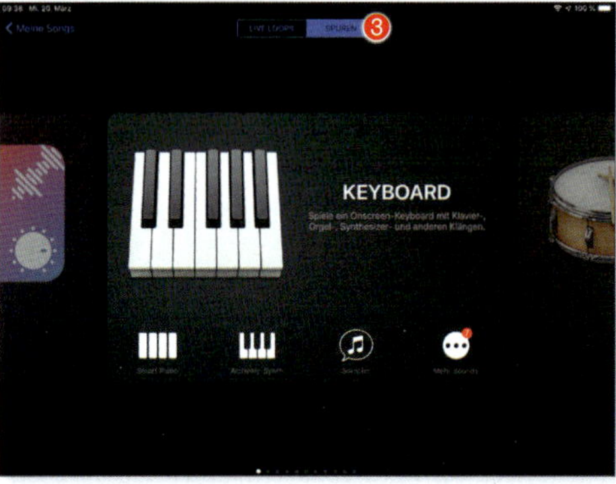

Entscheiden Sie, auf welche Art und Weise ein neues Musikstück entstehen soll.

Arbeiten mit Live Loops

Wenn Sie ein neues Musikstück mit Live Loops erstellen, dann müssen Sie zuerst eine Musikrichtung auswählen, z. B. Rock. Daraufhin werden automatisch mehrere verschiedene Loop-Kombinationen geladen und platziert. In der Arbeitsumgebung finden Sie links die jeweiligen Musikinstrumente ❶, die zum Einsatz kommen. Im unteren Bereich ❷ sehen Sie die Spalten mit den verschiedenen Loop-Kombinationen, und bei den jeweiligen Instrumenten gibt es unterschiedliche Instrumentenloops ❸.

Um nun die Musik für eine der Loop-Kombinationen anzuhören, tippen Sie auf die gewünschte Spaltennummer oder auf einen einzelnen Loop von einem Instrument. Der Loop läuft in einer Endlosschleife ab. Wenn Sie während des Abspielens den Loop wechseln, generiert GarageBand automatisch einen Übergang zum neuen Loop. Sie können auch einzelne Instrumente abspielen, wenn Sie auf das jeweilige Feld tippen.

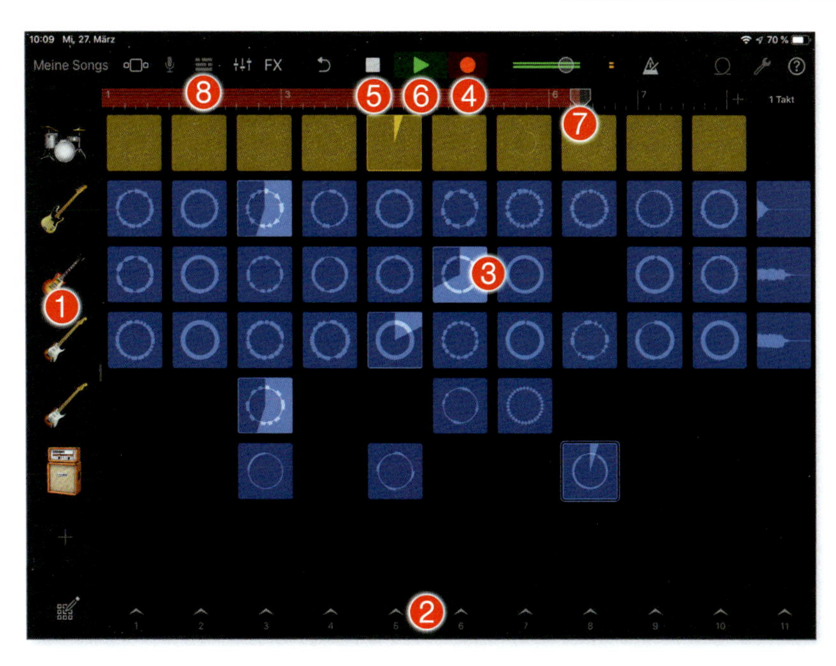

So sieht es aus, wenn Sie ein Musikstück mithilfe von Loops erstellen.

Musik aufnehmen

Wenn Sie sich die verschiedenen Loops angehört haben, wird es Zeit, ein Musikstück damit zu komponieren. Das Musikstück wird durch das Wechseln der Loops während der Aufnahme erstellt. Wenn Sie den *Aufnahme-Knopf* ❹ drücken, wird nach einem viersekündigen Countdown die Aufnahme gestartet. Sie brauchen dann nur während der Aufnahme die gewünschten Loops starten bzw. wechseln. Zum Anhalten der Aufnahme tippen Sie auf den *Stopp-Knopf* ❺. Das ganze Musikstück können Sie mit dem *Play-Knopf* ❻ wiedergeben.

Sie können die Aufnahme jederzeit weiterführen, wenn Sie den *Abspielkopf* ❼ auf die gewünschte Position verschieben und die Aufnahme wieder starten. Bereits vorhandene Tonspuren werden dabei überschrieben.

Für eine genaue Kontrolle über die Instrumente bzw. Tonspuren können Sie zur *Spuransicht* ❽ wechseln. Dort sehen Sie die einzelnen Abschnitte der jeweiligen Instrumente, die Sie nachträglich verlängern, verkürzen, verschieben oder entfernen können (Tippen Sie den Abschnitt zweimal an, um das Kontextmenü aufzurufen.). Um die Lautstärke einer Tonspur zu ändern oder sie vorübergehend stumm zu schalten, müssen Sie die Spalte mit den Musikinstrumenten nach rechts verschieben. Dadurch werden die Regler für die Lautstärke sichtbar. Um wieder zur Loop-Ansicht zu wechseln, müssen Sie das entsprechende Icon ❾ in der Kopfleiste antippen.

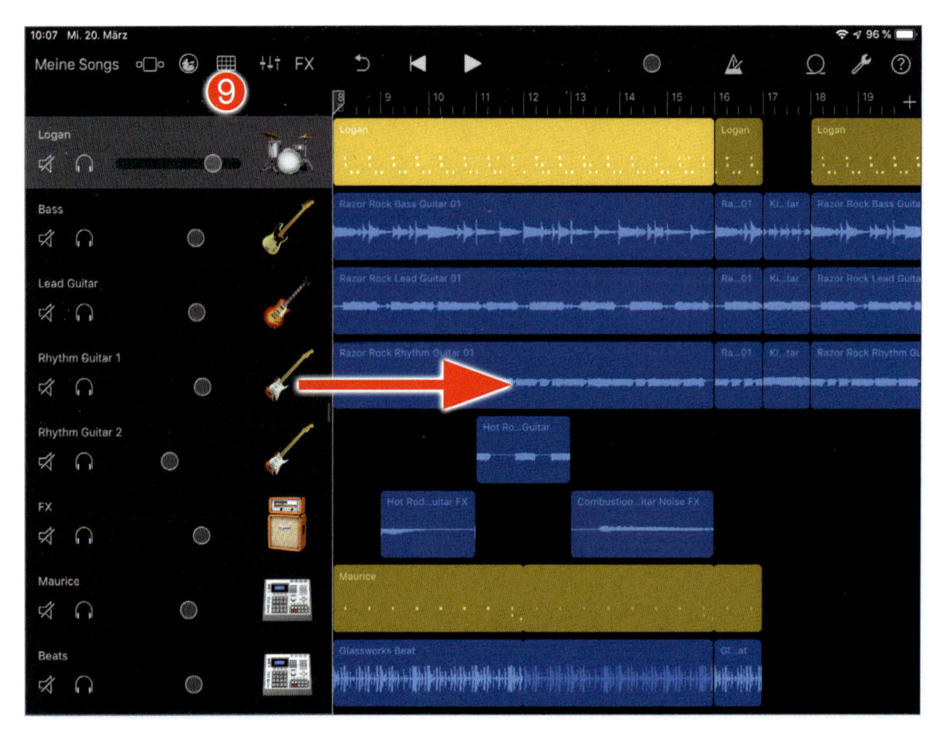

Die Tonspuren für die einzelnen Instrumente lassen sich nachbearbeiten.

Instrumente hinzufügen oder wechseln

In der Loopansicht lassen sich auch jederzeit neue Instrumente hinzufügen bzw. die vorhandenen austauschen. Zum Hinzufügen tippen Sie auf das Plus-Symbol **A** und wählen Loops aus. Daraufhin öffnet sich ein Fenster, das alle vorhandenen Loops von allen Instrumenten auflistet. Sie können die Auswahl einschränken, wenn Sie die Filterfunktion **B** verwenden. Außerdem können Sie noch zusätzliche kostenlose Loops nachladen **C**. Um einen Loop anzuhören, bevor Sie ihn verwenden, müssen Sie ihn nur antippen. Haben Sie einen passenden Loop gefunden, schieben Sie ihn mit dem Finger auf eine freie Position in der Loop-Ansicht. Auf diese Weise können Sie für jede Loop-Spur eigene Musikelemente hinzufügen.

Um einen platzieren Loop wieder zu entfernen, müssen Sie zuerst auf die *Loop-Bearbeitung* **D** umschalten. Danach tippen Sie mit dem Finger zwei Sekunden lang auf den Loop, den Sie entfernen wollen. Dadurch wird das Kontextmenü geöffnet, das die Löschen-Funktion enthält. Tippen Sie dann erneut auf das Symbol für die Loop-Bearbeitung, um diese wieder zu beenden.

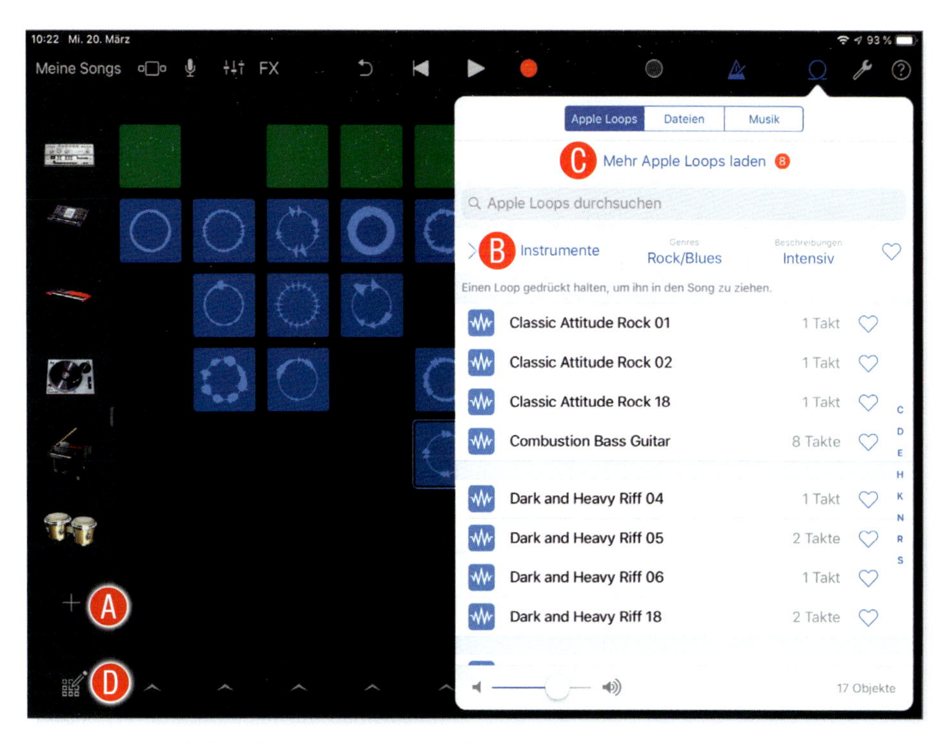

Man kann jederzeit neue Instrumente bzw. Loops zur Komposition hinzufügen.

Arbeiten mit Spuren

Neben den Live Loops gibt es auch die Möglichkeit, ein neues Musikstück mit Spuren für die einzelnen Instrumente zu erstellen. Wenn Sie in der Songübersicht ❶ ein neues Musikstück anlegen und mit *Spuren* ❷ arbeiten, dann müssen Sie im nächsten Schritt auswählen, welches Instrument zuerst hinzugefügt werden soll. Dabei stehen Ihnen unterschiedliche Methoden für das jeweilige Musikinstrument zur Verfügung. Im Bereich *Mehr Sounds* ❸ haben Sie Zugriff auf weitere Arten des jeweiligen Instruments.

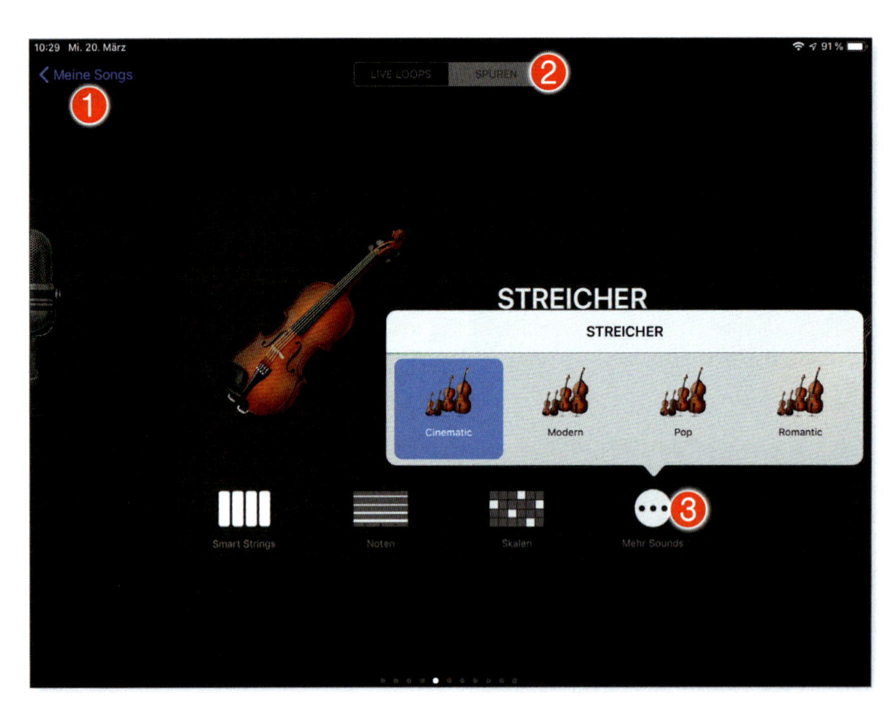

Arbeiten Sie gezielt mit Instrumenten, um ein Musikstück zu komponieren.

Wenn Sie ein Instrument gewählt haben, z. B. *Grand Piano,* wird in die Aufnahmeumgebung gewechselt. Dort finden Sie dann z. B. im unteren Bereich die Tasten des Klaviers mit diversen Einstellungsmöglichkeiten. Hier können Sie das Instrument austesten. Wenn Sie bereit sind, dann können Sie die Aufnahme ❹ starten. Jeder Anschlag auf die Klaviertasten wird dann aufgezeichnet. In der Spurübersicht ❺ können Sie nachträglich die aufgezeichnete Tonspur bearbeiten bzw. wieder entfernen.

Um ein weiteres Instrument hinzuzufügen, tippen Sie auf das Symbol für die Instrumentenübersicht ❻. Dort wählen Sie dann ein weiteres Instrument aus. Für das neue Instrument wird automatisch eine neue Tonspur angelegt. Je nach ausgewähltem Instrument erhalten Sie unterschiedliche Umgebungen für das Spielen bzw. die Aufzeichnung.

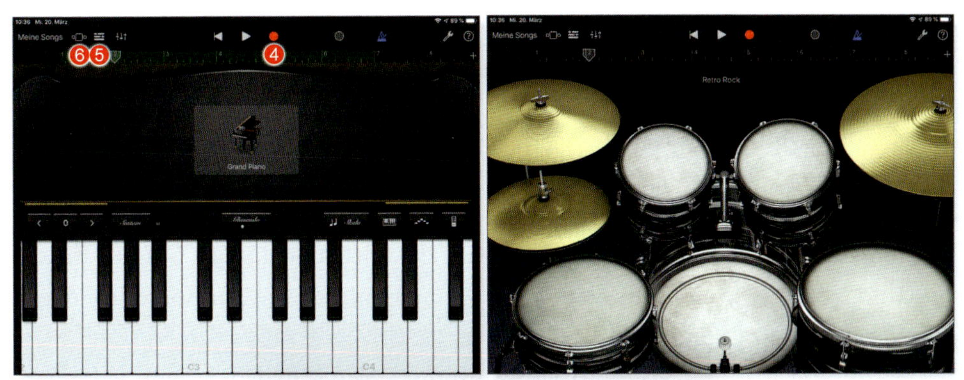

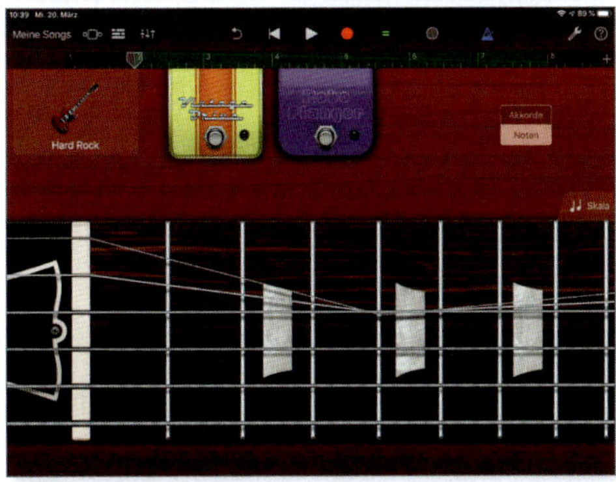

Für jedes hinzugefügte Instrument steht eine andere Arbeitsumgebung zur Verfügung.

Exportieren

Die fertigen Musikstücke lassen sich in GarageBand natürlich exportieren. Dazu müssen Sie in die Übersicht *Meine Songs* gehen, die Sie links oben erreichen. Einen Song können Sie exportieren, wenn Sie ihn in der Übersicht mit dem Finger zwei Sekunden lang antippen, um das Kontextmenü zu öffnen. Dort finden Sie die Funktion *Teilen*, die für das Exportieren zuständig ist.

Es gibt drei Möglichkeiten, das Musikstück zu exportieren:

1. *Song*: Damit lässt sich das Musikstück in unterschiedlichen Qualitätsstufen als MP3-Datei exportieren und anschließend über unterschiedliche Kanäle (Nachrichten, Mail, iTunes etc.) verteilen.
2. *Klingelton*: Dafür darf das Musikstück nicht länger als 30 Sekunden sein. Es wird als Klingelton für das iPad exportiert. Nach dem Export kann man es z. B. in der App *Einstellungen* bei *Töne* als Nachrichtenton verwenden.
3. *Projekt*: Damit lässt sich das ganze GarageBand-Projekt, inklusive aller Einstellungen und Tonspuren, exportieren, um es auf einem anderen Gerät weiterzuverwenden. Die Projektdatei kann dabei z. B. via AirDrop auf ein anderes iPad übertragen werden.

Photo Booth

Photo Booth ist eine App, mit der Sie in der Hauptsache lustige Selfies machen können, indem Sie alle möglichen Filter auf Ihr Porträt loslassen. Starten Sie die App und wählen Sie einen Filter aus ❶. Danach müssen Sie nur noch Ihr Porträt zentrieren und auf den Auslöser drücken.

Das Bild wird in der Fotoleiste am unteren Rand einsortiert, von wo aus es jederzeit geöffnet werden kann. Gleichzeitig wird das Bild in der App *Fotos* in das Album *Selfies* übernommen. Wenn Sie den Filter wechseln wollen, dann tippen Sie in der Fotoleiste auf der linken Seite auf das *Filtersymbol* ❷. Zum Wechseln der Kamera verwenden Sie die Schaltfläche rechts unten ❸.

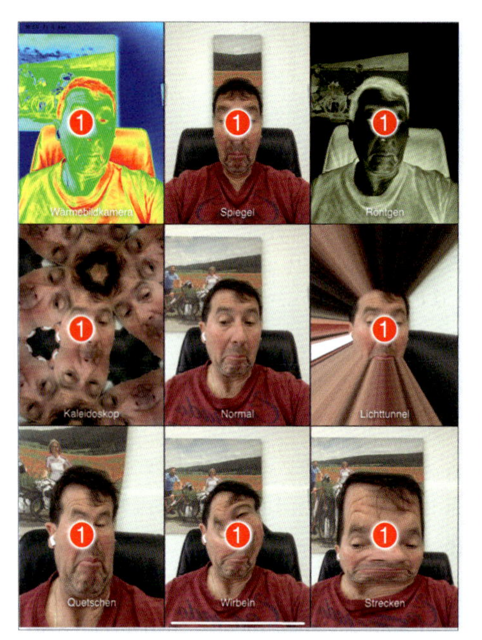

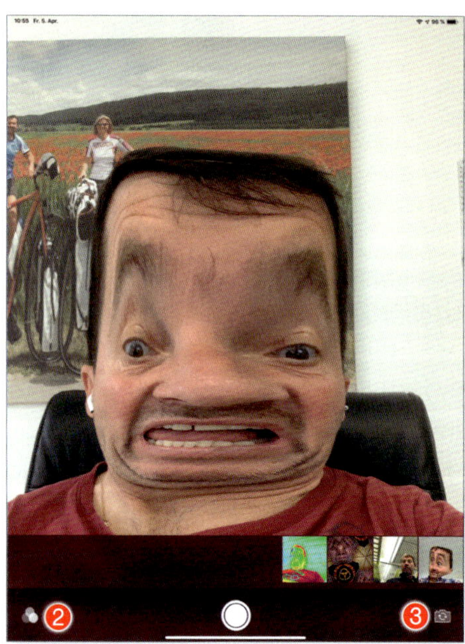

Mit „Photo Booth" lassen sich lustige Selfies aufnehmen.

Classroom

Die App Classroom bietet Ihnen als Lehrer bzw. Lehrerin eine einfache Möglichkeit, mit dem Schülern im Klassenzimmer zu interagieren: Sie können mit ihrer Hilfe Dokumente via *Teilen* versenden, auf allen iPads die gleiche App starten oder die Oberfläche eines Schüler-iPads via *Apple TV* an den Beamer übertragen. Diese und weitere Funktionen sind mit der Classroom-App möglich.

Die Bedienung der Classroom-App ist denkbar einfach.

Damit alle iPads von Lehrern und Schülern in der gleichen Klasse zu finden sind, muss auf dem Lehrer-iPad eine Klasse erstellt werden und danach können die Schüler in diese Klasse eingeladen werden. Auf dem Lehrer-iPad starten Sie dazu die Classroom-App und tippen auf das Plus-Zeichen, um eine neue Klasse mit einem Namen, einer Beschreibung und einem farbigen Symbol zu erstellen. Anschließend tippen Sie diese *Klasse* an und gehen auf *Schüler hinzufügen*. Es erscheint eine vierstellige Nummer. Die Schüler ihrerseits tippen auf die App *Einstellungen* und wählen links in der Liste ebenfalls *Classroom* (unterhalb von *Bluetooth*) aus. Nun können die Schüler der Klasse beitreten und sich zusätzlich über die vierstellige Nummer authentifizieren. Der Lehrer erhält die Anfrage und nimmt nun die Schüler in die Klasse mit auf. Fertig! In wenigen Sekunden ist somit eine Klassengemeinschaft entstanden, in der nun die oben dargestellten Funktionen möglich sind. Nebenbei bemerkt können Sie über den Button *Gruppe* Schüler in verschiedene Teams stecken.

Übrigens: Als Lehrer können Sie über **Sperren** auf Knopfdruck ein oder mehrere iPads verriegeln und damit die ungeteilte Aufmerksamkeit im Raum zurückerlangen. ;-)

Leider hat die Sache auch einen Haken: Jedes Schüler-iPad kann sich ohne Rückfrage wieder aus der Klasse verabschieden und unterliegt damit nicht mehr Ihrer Kontrolle bzw. nicht mehr der Classroom-App-Kontrolle.

Möchten Sie alle Schüler-iPads permanent im Zugriff haben, dann muss ein Administrator über eine sogenannte MDM-Lösung (Mobile Device Management) dies konfigurieren. Ein Beispiel für eine MDM-Lösung ist ZuluDesk (*https://www.zuludesk.com/de/home-de/*). Ebenfalls sehr bekannt und beliebt ist jamf (*https://www.jamf.com*). Fragen Sie am besten bei dem Handelspartner nach, von dem Sie die iPads erworben haben.

Weitere Informationen zur Classroom-App finden Sie stets aktuell an dieser Stelle: *https://help.apple.com/classroom/ipad/2.3/#/cla6d39b9338*

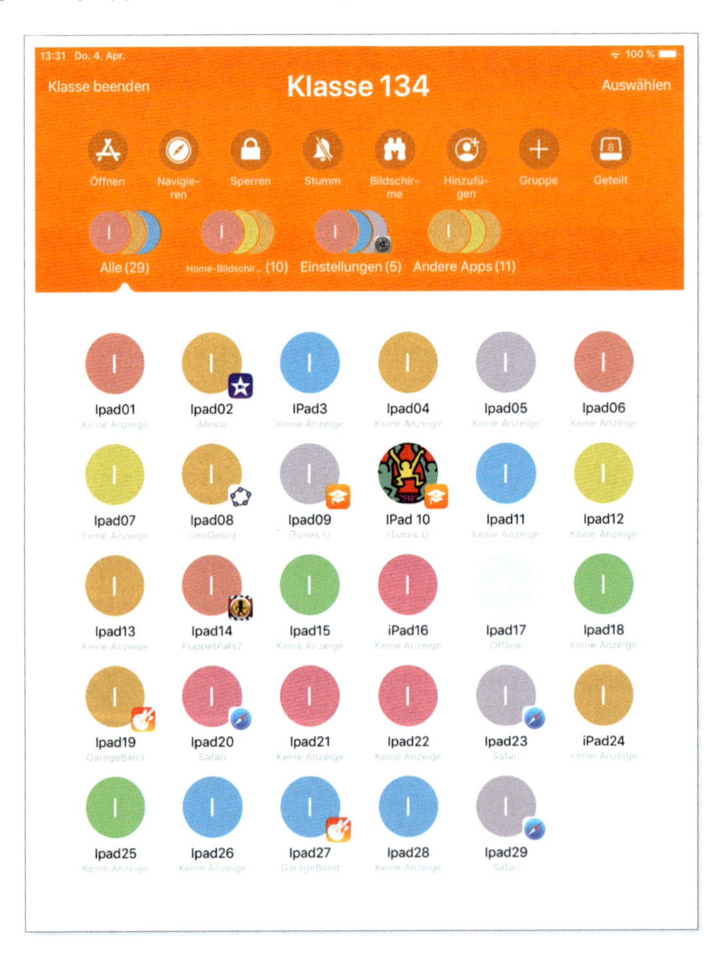

Hier sieht man sehr schön, welche iPads in Verwendung sind und welche Apps die Schüler aktuell einsetzen.

Daten der iPads extern speichern und löschen

Wenn Sie iPads durch die Klassen touren lassen (also beispielsweise eine oder mehrere Kofferlösungen haben), dann müssen Sie als Lehrer bzw. Lehrerin dafür sorgen, dass am Ende der Unterrichtsstunde die erarbeiteten Schülerdaten

a) falls diese in der nächsten Stunde erneut benötigt werden, irgendwo extern abgespeichert werden und danach

b) vom iPad entfernt werden.

Externe Datenspeicherung für iPads

Bevor wir das Löschen der Daten genauer unter die Lupe nehmen, sollte noch ein Wort über das externe Abspeichern verloren werden.

Hier sind drei Lösungen denkbar:

1. *USB-Stick:* Nicht sensationell praktikabel, aber möglich ist die Verwendung von USB-Sticks, die über einen Lightning- und einen „normalen" USB-Anschluss verfügen.

Mit diesem „Zwitter-USB-Stick" kann man recht einfach Daten von einem PC auf ein iPad übertragen und umgekehrt (Foto: © iDiskk).

So kann entweder jeder Schüler seine Daten auf seinen Stick speichern oder man verwendet einen Klassen-Stick. Aber ganz ehrlich – Letzteres dauert im Unterrichtsgeschehen einfach viel zu lange. Viele Lehrer nennen ein solches Gerät ihr Eigen, um von „zu Hause“ Daten in den Unterricht zu bringen und sie dort via Teilen an die Schüler per AirDrop zu versenden.

2. *NAS-Laufwerke oder Server:* Über sogenannte Netzwerkdatenträger (Network Attached Storage, NAS) können ganz einfach von jedem iPad aus die Daten über das WLAN an den Speicher gesendet werden. Weil das alle Schüler gleichzeitig tun können, geht das ziemlich flott und ist damit praktikabel. Auf dem NAS gibt es Ordner und Unterordner etc., sodass die Dateien dort auch strukturiert abgelegt werden können. In der nächsten Unterrichtsstunde ist es überaus simpel, die Information von dort zu holen und weiterzuarbeiten. Selbst fächerübergreifender Unterricht ist damit ein Leichtes. Den Datenspeicher kann ebenso ein Server zur Verfügung stellen, der möglicherweise bereits anderweitig für den IT-Unterricht im Einsatz ist und damit zweitgenutzt werden kann.
3. *Cloud-Lösung:* Anbieter wie Dropbox etc. kommen nicht infrage, weil sie die Daten außerhalb Deutschlands ablegen und so die Datenschutzvorgaben nicht erfüllen. Aber es gibt Alternativen, z. B. ein eigener Cloud-Server (*https://owncloud.org*) oder Anbieter aus Deutschland sowie Lernplattformen wie beispielsweise Mebis (*https://www.mebis.bayern.de*).

Sie sehen schon, dass hier Beratung unumgänglich ist, und deshalb verweise ich Sie an den Handelspartner, von dem Sie die iPads bezogen haben.

Daten von iPads wieder entfernen

Sehen wir uns jetzt noch an, wie Sie am Ende der Unterrichtsstunde Daten vom iPad entfernen. Je nach App gibt es leider verschiedene Wege, wie dies zu bewerkstelligen ist. Deshalb folgen hier verschiedene Beschreibungen für eine Reihe von Standard-Apps.

Notizen, Sprachmemo

Den Eintrag mit dem Finger von rechts nach links in der Liste wischen – entweder „durchwischen“ oder eben *Löschen* wählen und dann anklicken.

ACHTUNG: Beide Apps bewegen den Eintrag dann in den Ordner **Zuletzt gelöscht**! Hier müssen Sie die Prozedur nochmals wiederholen (**Endgültig löschen**)

Bilder in den Apps Fotos und Photobooth, Projekte in iMovie

Diese werden einfach über das *Papierkorb*-Symbol gelöscht. Zudem gibt es in Fotos das Album *Zuletzt gelöscht*, wo das Bild dann final vernichtet werden muss. Sie finden diesen Ordner, wenn Sie in der Fotos-App auf *Alben* tippen und ganz nach unten scrollen.

Dokumente in Pages, Keynote und Numbers

Hier löschen Sie in der Dokumentübersicht – also ganz links oben zuerst auf *Dokumente* (Pages), *Präsentationen* (Keynote) bzw. *Tabellen* (Numbers) tippen und dann in der Übersicht ca. zwei Sekunden die Datei antippen und *Löschen* auswählen.

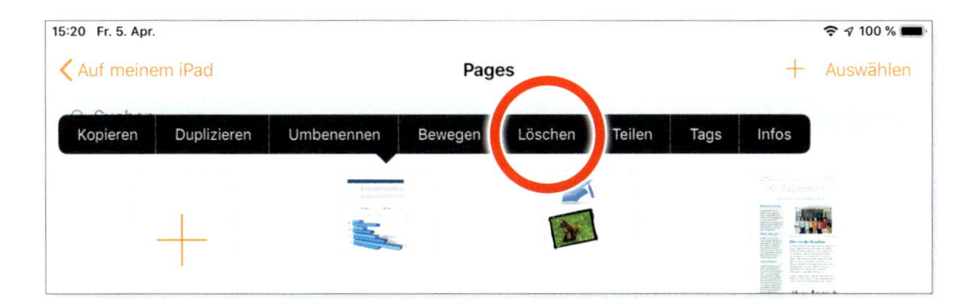

Browserverlauf in Safari

Tippen Sie zunächst auf das Icon ❶ und dann auf das Verlaufssymbol ❷. Ganz unten finden Sie *Löschen* ❸. Wählen Sie hierbei nun *Insgesamt* ❹ aus.

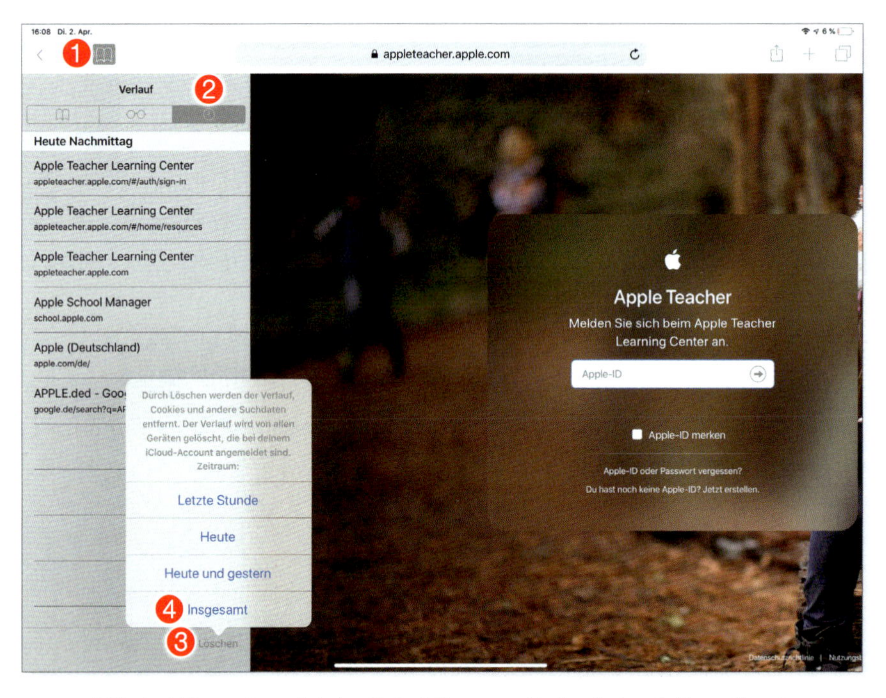

Mit drei Fingertipps ist der Safari-Browser-Verlauf ebenfalls entfernt.

Wenn Sie in Safari den **Privaten Modus** permanent nutzen, wird erst gar kein Verlauf erzeugt.

Kapitel 3 Viele nützliche Apps

Die genaue Größenordnung lässt sich nicht beziffern, aber rund – 2 Millionen Apps sind derzeit im App Store von Apple für das iPhone und iPad verfügbar. Tendenz steigend. Von diesen 2 Millionen sind weit mehr als eine halbe Million Apps für das iPad und dessen Displaygröße optimiert. Und wiederum davon sind Zehntausende Apps für den Schulunterricht verfügbar.

Wie findet man nun die Nadeln im Heuhaufen?

In diesem Kapitel habe ich Ihnen die derzeit beliebtesten und am häufigsten im Schulunterricht verwendeten iPad-Apps aufgelistet.

Damit Sie sich ein Bild von der Funktionsweise der jeweiligen App machen können, habe ich jeweils die Herstellerbeschreibung als Basis genommen und auf den folgenden Seiten mit angegeben. Sie finden außerdem den derzeitigen Preis sowie den Hyperlink (ebenso als QR-Code) und Angaben dazu, ob In-App-Käufe möglich bzw. verfügbar sind. (Alle Daten stammen vom April 2019; Preise und App-Icons etc. können sich bisweilen mit einem Update ändern.) Mit den Hyperlinks gelangen Sie übrigens in den deutschen App Store. Schweizer und Österreicher können die Apps in ihren Stores jederzeit über die App-Suche ausfindig machen.

Falls Sie den Begriff *In-App-Käufe* noch nicht kennen sollten: Es gibt bisweilen Apps, die kostenfrei sind und vom Anwender mit z. B. Werbeeinblendungen „bezahlt" werden. Oder es gibt Apps, in denen weitere Funktionen erst innerhalb der Apps zum Kauf angeboten werden. Beides sind klassische Fälle für sogenannte In-App-Käufe.

Sollten derartige Apps im Schulunterricht eingesetzt werden, sollte man das vorab genau unter die Lupe nehmen. Denn insbesondere Werbeeinblendungen könnten Schüler dazu verleiten ... na – Sie wissen das sicherlich schon.

Eine weitere Vorüberlegung möchte ich noch voranstellen. App-Käufe bzw. In-App-Käufe werden stets einer Apple-ID zugeordnet. Wenn Sie nun selbst als Lehrer bzw. Lehrerin ein iPad besitzen, haben Sie womöglich schon eine Apple-ID erzeugt und eine Kreditkarte hinterlegt bzw. ein Guthaben via App Store-Karten von Supermärkten oder Tankstellen hinterlegt. Damit können Sie also nach Herzenslust im App Store shoppen gehen bzw. so lange, bis das Geld alle ist.

1:1-Szenario versus Kofferlösung

Wie aber macht man das mit Schüler-iPads? Nun, hierbei müssen wir zwei Fälle unterscheiden:

1. In der Schule werden die iPads in einem 1:1-Szenario verwendet, sodass jeder Schüler über sein eigenes iPad verfügt und permanent damit arbeiten kann. Hier hat sich als praktikabelste Lösung das Aufladen mit einer Gutschein-Karte herausgestellt. Auf jedem iPad befindet sich eine andere Apple-ID. Die Schule entscheidet, welche Apps für den Unterricht angeschafft werden sollen, und die Schüler – vielleicht mit Unterstützung der Eltern – laden diese dann via Guthaben auf die iPads.
2. Werden iPads in einer Kofferlösung erworben und touren somit durch die Klassenräume, dann müssen die iPads zentral mit Apps bespielt werden. Hört sich so an, als ob das jemand – nennen wir ihn mal Administrator – in die Hand nehmen müsste. Und genau so ist es in der Praxis. Dieses Szenario muss ich nun noch detaillierter beschreiben.

Kofferlösung inklusive Apple School Manager

Über die Webseite *https://school.apple.com* können sich Schulen anmelden, um im Apple School Manager eben diese administrativen Aufgaben zu erledigen. Apple selbst schreibt dazu auf der Webseite (*https://www.apple.com/de/education/it/*):

> *„Apple School Manager ist ein benutzerfreundliches, webbasiertes Portal, mit dem IT-Administratoren Benutzer, Geräte und Inhalte verwalten können. Es ist ein zentraler Ort, um einfach verwaltete Apple IDs bereitzustellen, Geräte einzurichten, Apps und Bücher zu kaufen und Lehrkräften Werkzeuge zu geben, mit denen sie spannende Lernerfahrungen schaffen können.“*
>
> *(Zitat Apple)*

Dort erfahren Sie also, wie Apple-IDs für den Schulunterricht erzeugt werden können und wie dann benötigte Apps auf die Schüler- und Lehrer-iPads zu verteilen sind. Zudem können Apps im Volumenkauf (bisweilen mit bis zu 50 % Rabatt) obendrein günstiger erworben werden. Die Rabattierung ist übrigens on App zu App verschieden!

Außerdem hat der Apple School Manager Schnittstellen zu gängigen MDM-Lösungen, um alle Schüler-iPads nicht nur einfach mit Software bestücken zu können, sondern diese auch galant zu verwalten. Denn Sie möchten sicher nicht, dass ein Schüler aus Jux und Laune einfach alle Apps vom iPad löscht. Über MDM-Lösungen kann man Profile erstellen, die bestimmte Funktionen am iPad schlichtweg unterbinden. Somit ist garantiert, dass das iPad das Ende der Stunde so erlebt, wie es anfangs das Klassenzimmer erreicht hat.

Zu den Themen Apple School Manager und MDM sollten Sie am besten vor dem Kauf mit Ihrem Handelspartner sprechen (*https://www.apple.com/de/education/how-to-buy/solution-experts/*).

Ach ja – und weitere Infos zum Apple School Manager finden Sie hier: *https://www.apple.com/de/education/it/*

Sinnvolle Apps für den Schulunterricht

Im App Store gibt es zahllose Apps, die für den Schulunterricht zum Einsatz kommen können. Die nachfolgend aufgelisteten Apps zeichnen sich dadurch aus, dass sie in Schulen bereits erfolgreich im Unterrichtsgeschehen eingesetzt werden.

Über den QR-Code kommen Sie in Sekundenschnelle direkt in den Store, um dort die App laden zu können. Zudem finden Sie dort weitere Detailinformationen zu jeder App. Sollten Sie Probleme mit einer App haben, oder die App erfüllt nicht Ihre Anforderungen, dann können Sie diese Internetseite ansteuern: *https://reportaproblem.apple.com*. Nach Eingabe der Apple-ID finden Sie dort alle Apps, die in den letzten 90 Tagen bezogen wurden. Selbst das Zurückgeben von bezahlten Apps ist hierüber möglich.

1x1 Einmaleins: ganz einfach

Anders als die meisten Lern-Apps zum Thema Einmaleins, die sich fast ausschließlich aufs simple Prüfen der Rechenfähigkeiten der Kinder beschränken, geht die App „Einmaleins -Lernen mit Leo" einen Schritt weiter und bringt den Kindern das Einmaleins auch bei.

Preis: kostenlos **In-App-Käufe: Ja**

3Satz

Schnell und einfach herausfinden, ob zum Beispiel die 5 Äpfel auf dem Markt wirklich günstiger sind als die 3 vom anderen Verkäufer! Hierbei hilft 3Satz schnell und einfach, egal ob direkter oder indirekter Dreisatz! Außerdem werden alle Rechenwege mit angezeigt und zu jedem Dreisatz gibt es eine ausführliche Erklärung! So hilft 3Satz zusätzlich, das Wissen über die Dreisatz-Berechnung wieder aufzufrischen!

Preis: € 1,09 **In-App-Käufe: Nein**

Adobe Photoshop Sketch

Mit Adobe Sketch können Sie überall kreativ sein, wo Sie Inspiration finden. Realistische Farb- und Bleistifte und Aquarelle umfassen auch Favoriten des Pinselexperten Kyle T. Webster. Die Arbeitsfläche lässt sich auf großzügige 8k für den Druck vergrößern. Mit automatisch erstellten Zeitraffervideos geben Sie einen Einblick in Ihren digitalen Schaffensprozess.

Preis: kostenlos **In-App-Käufe: Ja**

Air Chalk

Eine digitale Tafel, die ihren Inhalt via Projektor oder TV-Bildschirm wiedergeben kann

Preis: kostenlos **In-App-Käufe: Nein**

Anton

ANTON ist eine Lern-App für die Unterrichtsfächer Deutsch, Mathe, Sachunterricht und Musik für die 1. bis 8. Klasse.

Preis: kostenlos **In-App-Käufe: Nein**

App Lab

Bei der App handelt es sich um eine interdisziplinäre Gruppe von Wissenschaftlern, Forschern, Studenten, Designern und Entwicklern, die neue Wege des Lernens durch Technologie und neue Medien erforscht. Das APP-Labor schafft pädagogische Transformation durch Unterrichtsgestaltung, das Erstellen von Benutzerbedeutungen, aufstrebende Lerntechnologien sowie experimentelles App-Design und -Entwicklung.

Preis: kostenlos **In-App-Käufe: Nein**

Apple Bücher

Die App Bücher ist ein E-Book-Reader, der E-Books in den Formaten ePub und PDF anzeigen kann. Zusätzlich bietet die App noch eine umfangreiche Verwaltung für die E-Books.

Preis: kostenlos **In-App-Käufe: Ja**

BaiBoard

BaiBoard ist eine Whiteboard-App, die sich für Gruppenarbeiten oder als Erweiterung eines Whiteboards einsetzen lässt. Die App kann nicht nur den Inhalt auf verbundene Geräte spiegeln, sondern bietet auch einen Zusammenarbeitsmodus.

Preis: kostenlos **In-App-Käufe: Nein**

Barefoot Weltatlas

Der Barefoot Weltatlas ist ein zauberhafter 3D-Globus, auf dem Kinder auf spielerische Art und Weise die Regionen und Länder der Welt erkunden, Hunderte faszinierender Elemente entdecken und die zahlreichen Wunder unseres Planeten erforschen können.

Preis: € 5,59 **In-App-Käufe: Ja**

Berlin – die Hauptstadt App

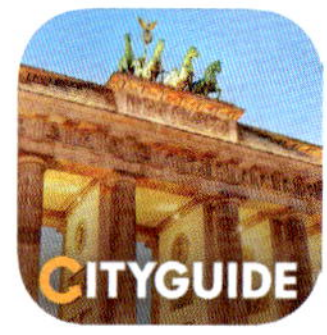

Mit dem CITYGUIDE Berlin haben Sie die gesamte Stadt digital für die Hosentasche und alle wichtigen Infos rund um die Uhr immer griffbereit dabei. Gehen Sie mit der 360° Panoramafunktion auf einen virtuellen Stadtspaziergang bis in die Geschäfte hinein, lassen Sie sich Öffnungszeiten, Services und Marken anzeigen.

Preis: kostenlos **In-App-Käufe: Nein**

Bloomberg: Business News

Erhalten Sie umfassenden Zugriff auf globale Nachrichten aus den Bereichen Wirtschaft, Aktienmarkt und Finanzen sowie auf Trendthemen wie Bitcoin und Kryptowährung. Sie können die App so anpassen, dass Ihr persönliches Portfolio überwacht wird, und Sie erhalten fortlaufende Warnmeldungen zu globalen Aktienpositionen sowie zusammengefasste Finanz-, Wirtschafts- und Unternehmensinformationen, die den Anforderungen der globalen Geschäfts- und Finanzfachleute entsprechen.

Preis: kostenlos **In-App-Käufe: Nein**

Book Creator für iPad

Mit dieser App lassen sich auf dem iPad E-Books erstellen und mit Texten, Bildern, Zeichnungen und Filmen bestücken und an die App Apple Bücher übergeben. Ideal für Bilderbücher für Kinder, Fotobücher, Kunstbücher, Kochbücher, Handbücher, Lehrbücher usw.

Preis: € 5,49 **In-App-Käufe: Nein**

Calculator/Rechner

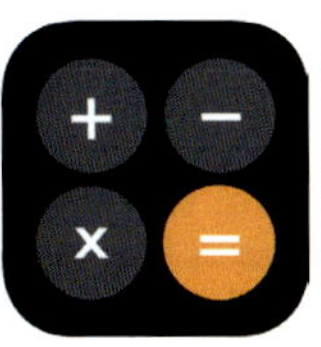

Taschenrechner, der auch wissenschaftliche Funktionen, eine Umrechnungsfunktion für Maße und Gewichte bietet und eine handschriftliche Eingabe erlaubt

Preis: kostenlos **In-App-Käufe: Nein**

Comic Life

Mit dieser App kann man eigene Comicbücher produzieren. Durch die vielen mitgelieferten Elemente kann ein Comic sehr schnell mit eigenen Bildern, Zeichnungen und Grafiken bestückt werden.

Preis: € 5,49 **In-App-Käufe: Nein**

ComicBook!

Verwandeln Sie das Alltägliche in ein außergewöhnliches Comicbuch. Bewaffnen Sie sich mit den besten Grafikeffekten, 105 inspirierenden Layouts, 374 handgezeichneten Comic-Aufklebern, 12 Bildunterschriften- und Textwerkzeugen, Auto-Inhalten von Facebook und Flickr, und Sie haben die Supermächte, um das Universum zu beherrschen – in Ihren Geschichten!

Preis: € 3,49 **In-App-Käufe: Ja**

Daumenkino

Daumenkino ist eine Applikation, die es ermöglicht, wie beim Daumenkino auf Papier, Sequenzen von Einzelbildern zu erschaffen und diese dann als Film anzusehen.

Preis: € 1,09 **In-App-Käufe: Nein**

Der menschliche Körper

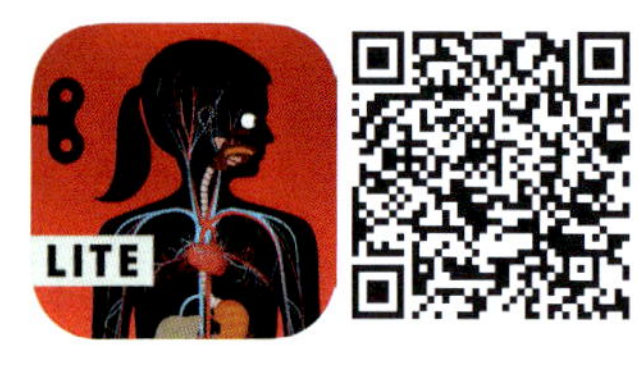

Jeder Teil ist animiert und interaktiv: Das Herz schlägt und die Lungen atmen. Für neugierige Kinder jeden Alters entwickelt, um zu spielen und zu lernen.

Preis: kostenlos **In-App-Käufe: Nein**

Desk Bell HD+

Die realistischste Glocke klingt und fühlt sich an wie eine. Sehen Sie, wie sich der Klingelton auf und ab bewegt, wenn Sie ihn berühren!

Preis: € 1,09 **In-App-Käufe: Nein**

Deutschen Bundesländer Quiz

Anpassbare Quizfragen ermöglichen die Auswahl des Themas sowie der Bundesländer, die getestet werden sollen. Frühere Ergebnisse für jedes Bundesland werden angezeigt, um Ihre Fortschritte zu jedem Thema hervorzuheben.

Preis: kostenlos **In-App-Käufe: Ja**

Deutscher Bundestag

Direkt aus dem Parlament: Diese App liefert laufend aktualisierte Informationen über Themen, Abgeordnete und Ausschüsse des Deutschen Bundestages.

Preis: kostenlos **In-App-Käufe: Nein**

Die Elemente

„Die Elemente“ basiert auf der gleichnamigen, gebundenen Ausgabe des internationalen Bestsellers von Theodore Gray, der für das Popular Science Magazine die Kolumne „Gray Matter“ verfasst. Allerdings hat diese App weitaus mehr zu bieten, als auf einfachem Papier möglich wäre.

Preis: € 9,99 **In-App-Käufe: Nein**

Doceri Interactive Whiteboard

Eine weitere Whiteboard-App zum Übertragen des Inhalts an andere Geräte. Dabei bietet diese App die Möglichkeit, die Präsentation als Video aufzunehmen, zu speichern und zu verteilen.

Preis: kostenlos **In-App-Käufe: Ja**

Documents

Lesen, hören, anzeigen, mit Anmerkungen versehen – alles, was Sie auf Ihrem iPad brauchen. Dateien, Dokumente, Bücher, jede Art von Inhalt fühlt sich bei Documents von Readdle wie zu Hause. Sie ist die zentrale Anlaufstelle für alle Ihre Dateien, da sie einen Viewer, PDF-Reader, Leselisten-Dienst, Musik- und Videoplayer, Downloadmanager, Cloud-Verwaltungsdienst und noch einige andere Funktionen in sich vereint.

Preis: kostenlos **In-App-Käufe: Nein**

Easy Xylophon

Easy Xylophon lässt dich dieses tolle Instrument jetzt jederzeit auf deinem iPad spielen ohne viele unnütze Gimmicks! Egal ob du professioneller Musiker bist, etwas über die Tonleiter lernen willst oder einfach nur zum Spaß deine Lieblingsmelodien nachspielen möchtest.

Preis: kostenlos **In-App-Käufe: Ja**

Explain Everything Whiteboard

Explain Everything™ ist ein einfach zu bedienendes Design-, Screencasting- und interaktives Whiteboard-Tool mit Echtzeit-Collaboration, mit dem Sie Ideen, Wissen und Verständnis animieren, aufzeichnen, kommentieren, zusammenarbeiten und erkunden können.

Preis: kostenlos **In-App-Käufe: Ja**

FE File Explorer

Mit dieser File-Manager-App können Sie z. B. auf den Schulserver zugreifen und Dateien auf das iPad laden oder eben vom iPad aus dort ablegen. Als Fileserver sind folgende Optionen möglich: Windows, FTP, WebDAV, NAS-Laufwerke via SMB, ScanDisk Flash Drives, macOS-Rechner.

Preis: kostenlos **In-App-Käufe: Nein**

GarageBand

Mit GarageBand werden dein iPad und dein iPhone zum voll ausgestatteten Aufnahmestudio mit einer umfangreichen Sammlung an Touch-Instrumenten, damit du überall Musik machen kannst. Und mit Live Loops kannst du jetzt noch einfacher wie ein echter DJ Musik kreieren. Schließe deine E-Gitarre bzw. deinen E-Bass an und spiele legendäre Amps und Effektpedale. Verwende ein ein Mikrofon oder eine Gitarre und nimm Performances mit bis zu 32 Spuren auf.

Preis: kostenlos **In-App-Käufe: Nein**

GeoGebra Grafikrechner

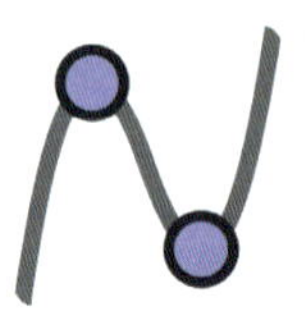

Zeichne Funktionsgraphen und Gleichungen, finde Nullstellen und Extremwerte, speichere und teile deine Ergebnisse.

Preis: kostenlos **In-App-Käufe: Nein**

Gesetze

Vorschriften des Bundes, aus Bayern und der EU bequem unterwegs verfügbar. Die auf den Webseiten „Gesetze-im-Internet.de“ des Bundesministeriums der Justiz, „Gesetze-Bayern.de“ der Bayerischen Staatsregierung und „eur-lex.europa.eu“des Amts für Veröffentlichungen der Europäischen Union zugänglichen Gesetze, Verordnungen und Normen können mit dieser App auf dem iPhone oder iPad abgerufen und durchsucht werden.

Preis: kostenlos **In-App-Käufe: Nein**

GoodNotes

Erstellen Sie handschriftliche Notizen in digitalen Notizbüchern oder kommentieren Sie die unterschiedlichsten Dokumente (PDF, Word etc.). Alle Notizen sind durchsuchbar und einfach wiederzufinden.

Preis: € 8,99 **In-App-Käufe: Nein**

GoodReader

GoodReader ist eine App, um Dokumente in unterschiedlichsten Formaten (PDF, Word, HTML, Excel, TXT etc.) zu öffnen und zu lesen. Dabei können jedem Dokument eigene Kommentare bzw. Anmerkungen hinzugefügt werden.

Preis: € 6,99 **In-App-Käufe: Ja**

Grafio

Erstellen Sie umwerfende Diagramme, Graphiken und andere Zeichnungen mit dieser Vektordiagramm-App. Zeichnen Sie einfach auf Ihrem Bildschirm, als ob er Ihre Leinwand und Sie der Künstler wären. Einfach und leicht zu benutzen.

Preis: € 10,99 **In-App-Käufe: Ja**

Haiku Deck

Haiku Deck macht die Erstellung von schönen, eindrucksvollen Präsentationen zu einem Kinderspiel – egal ob Sie eine Idee vorstellen, Unterrichtsstoff präsentieren, eine Geschichte erzählen oder eine Bewegung in Gang setzen wollen.

Preis: kostenlos **In-App-Käufe: Ja**

Heyduda! Kuh macht Muh

Bei dieser App steht spielerisches Lernen, Lachen und Spaß an erster Stelle. Einfache Illustrationen und Animationen machen noch mehr Spaß. Schon für Kleinkinder oder sogar Babys geeignet.

Preis: kostenlos **In-App-Käufe: Ja**

Hunderterfeld

Hunderterfeld ist eine universelle Veranschaulichungs- und Rechenhilfe, die Kinder dabei unterstützt, das Plus- und Minusrechnen im Zahlenraum bis 100 zu verstehen. Alle Additions- und Subtraktionsaufgaben mit einem Ergebnis bis 100 können auf dem Hunderterfeld gelegt werden.

Preis: € 0,49 **In-App-Käufe: Nein**

iDraw Lite

Damit können Kinder jeden Alters ganz einfach zeichnen. Dazu verwendet man die Finger, fügt Bilder oder Texte hinzu und kann so kreativ sein.

Preis: kostenlos **In-App-Käufe: Nein**

iMovie

Mit einer übersichtlichen, einfachen Benutzeroberfläche und intuitiven Multi-Touch-Gesten bietet iMovie alles, was du brauchst, um Geschichten besonders eindrucksvoll zu erzählen. Navigiere in deiner Videomediathek, teile schöne Erinnerungen mit anderen und sieh dir deine Videos in iMovie Theater auf allen deinen Geräten an.

Preis: kostenlos **In-App-Käufe: Nein**

iStopMotion

Mit iStopMotion kannst du auf deinem iPad Stop-Motion Animationen und Zeitraffer-Filme kinderleicht erstellen. iStopMotion wird auch bereits in vielen Klassenzimmern weltweit eingesetzt: Es eignet sich hervorragend zur Kreativitätsförderung und fördert die Sozial- und Kommunikationskompetenz von Schülern aller Altersgruppen.

Preis: € 10,99 **In-App-Käufe: Nein**

iTranslate

Übersetzen Sie Texte und Websites oder beginnen Sie eine Stimme-zu-Stimme-Konversation in mehr als 100 Sprachen. Der neue Offline-Modus ermöglicht die Nutzung von iTranslate auch ohne Internetzugang.

Preis: kostenlos **In-App-Käufe: Ja**

Jumbo Calculator

Der Jumbo Calculator besticht durch seine großen Tasten. Er kann folgende Rechenoperationen durchführen: Addition, Subtraktion, Multiplikation und Division.

Preis: kostenlos **In-App-Käufe: Nein**

Kahoot

Erstellen Sie in Sekundenschnelle Ihre eigenen Tests. Kahoot! entfesselt den Zauber des Lernens für Schüler, Lehrer, Quizfans und lebenslang Lernende.

Preis: kostenlos **In-App-Käufe: Ja**

Keynote

Keynote ist die leistungsstärkste Präsentations-App, die je für ein mobiles Gerät entwickelt wurde. Gezielt für iPad, iPhone und iPod touch entwickelt, kannst du hiermit sensationelle Präsentationen mit animierten Diagrammen und Übergängen ganz einfach erstellen.

Preis: kostenlos **In-App-Käufe: Nein**

Khan Academy

Die Khan Academy ist eine nichtkommerzielle Website mit Lehrmaterial aus den Bereichen Mathematik, Naturwissenschaften, Geschichte und Wirtschaft.

Preis: kostenlos **In-App-Käufe: Nein**

Kinder lernen Weihnachten

Bei dieser App steht spielerisches Lernen von Buchstaben, Lauten und Wörtern an erster Stelle. Jeder Buchstabe oder Laut und sogar die Namen der süßen Weihnachtsabbildungen werden vorgesprochen. So werden schon ganz kleine Kinder spielerisch beim Sprechenlernen unterstützt.

Preis: kostenlos **In-App-Käufe: Nein**

Lernerfolg Grundschule

Erst ein paar Übungen und als Belohnung ein Bonusspiel – so macht Lernen Spaß. Mit der mehrfach ausgezeichneten Lernspielreihe „Lernerfolg Grundschule" von Tivola wird Mathe-, Deutsch- und Englisch lernen, für Klasse 1 bis 4, zum Kinderspiel.

Preis: kostenlos **In-App-Käufe: Ja**

Math Kid

Math Kid gibt Ihrem 4–12 Jahre alten Kind die Grundlage, um zu Hause und in der Schule Mathematik zu leisten. Die Anwendung bietet grafische Rückmeldungen und Belohnungen. Dank hilfreicher und umfassender Tipps können Kinder es mit minimaler elterlicher Aufsicht verwenden.

Preis: kostenlos **In-App-Käufe: Ja**

Merck Periodensystem

Dort findet man sofort jede erdenkliche Information zu allen Elementen (Masse, Atomradius, Elektronegavität etc.). Selbst das Berechnen von Molmassen beliebiger Verbindungen ist möglich.

Preis: kostenlos **In-App-Käufe: Nein**

Merlot Search

Merlot Search ist eine App mit dazugehöriger Internetseite, mit der zu verschiedenen Themen Unterrichtssimulationen, Textbücher, Beschreibung und vieles mehr recherchiert werden können

Preis: kostenlos **In-App-Käufe: Nein**

Microsoft OneNote

Halten Sie Gedanken, Entdeckungen und Ideen fest, und vereinfachen Sie überwältigende Planungsmomente in Ihrem Leben mit Ihrem ganz persönlichen digitalen Notizbuch. Mit OneNote halten Augenblicke der Inspiration fest, um etwas Neues zu schaffen, oder behalten die Liste der Besorgungen im Blick.

Preis: kostenlos **In-App-Käufe: Nein**

Microsoft Whiteboard

Eine Whiteboard-App, mit der man Ideen und Zeichnungen mit anderen Personen teilen kann. Dabei können mehrere Personen in Echtzeit zusammenarbeiten

Preis: kostenlos **In-App-Käufe: Nein**

Molecules

Diese App zeigt, wie sich die reiche Vielfalt von Verbindungen, Chemikalien, Molekülen, Steinen und anderen Stoffen, aus denen unsere Welt besteht, zusammensetzt . Die App enthält eine wichtige Weltneuheit: eine berührungslose, interaktive Molekulardynamiksimulation, mit der Sie Hunderte verschiedener Moleküle anstoßen und testen können, um zu sehen, wie jedes einzelne auf Ihre Berührung reagiert.

Preis: € 10,99 **In-App-Käufe: Nein**

Notability

Notability wird von Schülern, Lehrern und Geschäftsleuten zur Bereicherung des Alltags verwendet. Die App wurde für alle Geräte konzipiert, damit sie in der Schule, zu Hause und am Arbeitsplatz beste Möglichkeiten zum Erstellen von Notizen bietet.

Preis: € 10,99 **In-App-Käufe: Ja**

Numbers

Numbers ist eine Tabellenkalkulations-App, die exklusiv für iPad, iPhone und iPod touch entwickelt wurde. Damit erstellen Sie ausdrucksstarke Tabellenkalkulationen einfach mit dem Finger.

Preis: kostenlos **In-App-Käufe: Nein**

OER Wiki

Die App bietet eine Suche für freie Inhalte in verschiedenen Wikis. Besonders praktisch ist, dass Bilder, Texte und vieles mehr unter einer Creative-Commons-Lizenz zur freien Verfügung stehen.

Preis: kostenlos **In-App-Käufe: Nein**

Pages

Pages ist die eine Textverarbeitungs-App von Apple. Beginne mit einer von Apple gestalteten Vorlage, um sofort ansprechende Berichte, digitale Bücher, Lebensläufe, Poster und vieles mehr anzufertigen. Oder verwende ein leeres Dokument und designe dein Dokument selbst.

Preis: kostenlos **In-App-Käufe: Nein**

Paper

Eine App, mit der man sehr ansprechende Zeichnungen erstellen kann. Ein Apple Pencil ist dazu empfehlenswert.

Preis: kostenlos **In-App-Käufe: Ja**

Papierflieger

Mit dem Papierflieger können Notizen zwischen iPads verteilt werden. Einfach eine Notiz erstellen, die Personen auswählen, die die Notiz erhalten sollen, und den virtuellen Papierflieger starten. Für die Verteilung der Notizen ist keine weitere Infrastruktur notwendig. Die iPads müssen sich nur im selben WLAN-Netzwerk befinden.

Preis: kostenlos **In-App-Käufe: Nein**

Penultimate

Penultimate kombiniert ablenkungsfreies und natürliches Schreiben und Entwerfen mit der Hand mit leistungsstarken Such- und Synchronisierungsfunktionen. Damit können Gedanken, Ideen und Notizen ganz einfach notiert werden.

Preis: kostenlos **In-App-Käufe: Ja**

Photomath

Scannen Sie gedruckten Text und handgeschriebene mathematische Fragestellungen mit der Kamera Ihres Geräts oder geben Sie mit unserem wissenschaftlichen Taschenrechner Gleichungen zur Bearbeitung ein. Photomath zerlegt jedes mathematische Problem in einfache, leicht verständliche Schritte.

Preis: kostenlos **In-App-Käufe: Ja**

FSPhysik – Formelsammlung

Diese App bietet eine kompakte und übersichtliche physikalische Formelsammlung mit allen wichtigen Formeln aus den Teilgebieten der Physik – egal ob für Schule oder Studium.

Preis: € 2,29 **In-App-Käufe: Nein**

Pictello

Pictello ist das perfekte Tool für visuelles Storytelling. Jede Seite in einer Pictello-Story kann ein Foto oder Video und einen kurzen Text enthalten, der von einer Text-to-Speech-Stimme oder deiner eigens aufgezeichneten Stimme vorgelesen werden kann.

Preis: € 10,99 **In-App-Käufe: Nein**

Pinkfong ABC-Laute

Lassen Sie Ihre Kleinen das Alphabet auf unterhaltsame Weise erlernen! ABC-Laute ist voll von interaktiven und dynamischen Lernspielen, genau das Richtige für das erste ABC!

Preis: kostenlos **In-App-Käufe: Ja**

Plickers

Mit Plickers können Sie Ihre Klasse abfragen, ohne dass Schülergeräte benötigt werden. Geben Sie einfach jedem Schüler eine Karte (einen „Papierklicker") und scannen Sie ihn mit Ihrem iPad, um eine sofortige Überprüfung durchzuführen.

Preis: kostenlos **In-App-Käufe: Nein**

PocketCAS lite

PocketCAS ist eine fortschrittliche Mathematik-Anwendung. PocketCAS löst Aufgabenstellungen von Grundschul-Mathematik bis hin zu Analysis, Algebra und Statistik.

Preis: kostenlos **In-App-Käufe: Nein**

Popplet lite

Popplet lite ist eine App, mit der man sehr schnell und leicht seine Ideen einfangen und organisieren kann. Dabei können Sie eine Mindmap erzeugen und diese beliebig bearbeiten.

Preis: kostenlos **In-App-Käufe: Nein**

Primes – Primzahlen

Primes validiert eingegebene Primzahlen und sucht alle Primzahlen bis zu einer selbst definierten oberen Grenze.

Preis: kostenlos **In-App-Käufe: Nein**

Puppet Pals

Puppet Pals ist eine App, mit der man kleine Filme mit Figuren vor verschiedenen Hintergründen produzieren kann.

Preis: kostenlos **In-App-Käufe: Ja**

Qrafter

Qrafter ist eine App, mit der nicht nur QR-Codes gescannt, sondern auch eigene Codes generiert und als Bild abgespeichert werden können.

Preis: kostenlos **In-App-Käufe: Ja**

Quick Graph

Es handelt sich bei dieser App um einen leistungsstarken Grafikrechner mit hoher Qualität. Eine einfache und dennoch intuitive Benutzeroberfläche, mit der sich Gleichungen leicht eingeben und/oder bearbeiten und in mathematischer Notation darstellen lassen. Es ist in der Lage, explizite und implizite Gleichungen sowie Ungleichungen in 2D und 3D in allen gängigen Koordinatensystemen darzustellen.

Preis: kostenlos **In-App-Käufe: Ja**

SimpleDrawings

Simple Drawings ist ein Werkzeug für Lehrer, Eltern, Kinder oder alle, die Ihre Schüler, Kinder oder Freunde in Erstaunen versetzen möchten und die einfache Zeichnungen anhand mehrerer Skizzen lernen möchten.

Preis: kostenlos **In-App-Käufe: Ja**

SimpleMind+

Mind Mapping hilft Ihnen, Ihre Gedanken zu ordnen, sich an Dinge zu erinnern und neue Ideen zu generieren. SimpleMind+ ist einfach und intuitiv zu bedienen und so gelingen Mindmaps im Handumdrehen.

Preis: kostenlos **In-App-Käufe: Ja**

Singing Fingers

Mit Singing Fingers können Sie den Sound mit den Fingern malen. Berühren Sie einfach den Bildschirm, während Sie ein Geräusch machen, und bunte Farben erscheinen. Berühren Sie die Farbe, um den Ton wiederzugeben!

Preis: € 1,09 **In-App-Käufe: Nein**

Sketch Master

Mit Sketch Master können Sie Fotos sehr einfach in Skizzen oder Karikaturen verwandeln.

Preis: kostenlos **In-App-Käufe: Ja**

SketchBook

SketchBook ist eine sehr umfangreiche und professionelle App, um eigene Zeichnungen, Grafiken oder Illustrationen anzufertigen. Die zahlreichen Pinsel und Formen helfen dabei, schnell eine Grafik zu erstellen.

Preis: kostenlos **In-App-Käufe: Nein**

Socrative Student

Die Schüler können ihr eigenes Wissen abprüfen, indem sie verschiedene Fragebögen beantworten, die der Lehrer mit der Teacher-Edition erstellt hat.

Preis: kostenlos **In-App-Käufe: Nein**

Socrative Teacher

Der Lehrer kann damit Fragebögen oder Ratespiele erstellen und die Ergebnisse visualisieren.

Preis: kostenlos **In-App-Käufe: Nein**

Sports Cam

Eine Kamera-App zur Aufnahme und Analyse von sportlichen Aktivitäten

Preis: € 6,99 **In-App-Käufe: Nein**

Star Walk

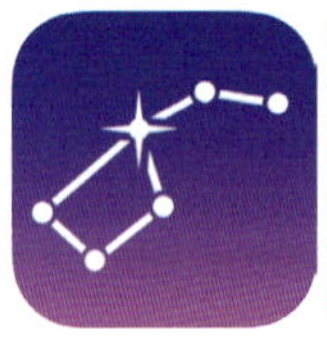

Star Walk ist die Anwendung, die uns allen die Schönheit des Universums und der Astronomie näherbringt. Die App beinhaltet eine komplette Darstellung der Sterne, Sternbilder, Planeten und der Mondphasen sowie Verknüpfungen zu Wikipedia für weitere Informationen und eine Zeitmaschine, um vergangene Ereignisse sowie bevorstehende Ereignisse am Himmel zu sehen.

Preis: kostenlos **In-App-Käufe: Ja**

Strip Designer

Mit dieser App kann man eigene Comicbücher erstellen. Dabei werden die Vorlagen mit eigenen Bildern, Fotos, Sprechblasen, Texten und vielem mehr gefüllt.

Preis: € 3,49 **In-App-Käufe: Nein**

Stundenplan Deluxe

Stundenplan Deluxe ist ein perfekter Begleiter für die Schule, Hochschule oder Universität. Die App bietet eine attraktive, farbenfrohe Benutzeroberfläche, optional mehrwöchige Stundenpläne und vieles mehr.

Preis: kostenlos **In-App-Käufe: Ja**

Subtraction

Subtraction ist eine großartige Möglichkeit, um Subtraktion zu lernen und zu üben. Von einfachen 1-stelligen Problemen bis zu fortgeschrittenen mehrstelligen Problemen: Subtraction gibt dem Benutzer die nötige Anleitung und Übung, um die Subtraktion zu beherrschen.

Preis: kostenlos **In-App-Käufe: Nein**

Swift Playgrounds

Swift Playgrounds ist eine revolutionäre App für iPad, mit der Coden lernen und damit experimentieren richtig Spaß macht. Für Swift Playgrounds braucht man keine Codingkenntnisse, damit ist es perfekt für alle, die gerade erst anfangen, von zwölf bis neunundneunzig. Die ganze Zeit lernt man dabei Swift, eine leistungsstarke Programmiersprache, die von Apple kreiert wurde und von professionellen Programmierern auf der ganzen Welt verwendet wird, um viele der heute beliebtesten Apps zu schreiben.

Preis: kostenlos **In-App-Käufe: Nein**

Taschenrechner iRocks

Der Taschenrechner iRocks wurde für jeden entwickelt, der auf der Suche nach Einfachheit und Funktionalität ist. Er kombiniert einen normalen und einen wissenschaftlichen Taschenrechner ohne Mehrkosten!

Preis: kostenlos **In-App-Käufe: Ja**

TeacherTool

TeacherTool ist ein digitaler Lehrerkalender, Notenbuch und Kursheft in einem. Mit TeacherTool haben Sie immer alle wesentlichen Informationen über Ihre Schüler bei der Hand und ist gegen unerlaubte Zugriffe durch ein eigenes Passwort und leistungsfähige Datenverschlüsselung geschützt.

Preis: € 27,99 **In-App-Käufe: Nein**

Trello

Trello gibt Ihnen einen Überblick über all Ihre Projekte, bei der Arbeit und auch daheim. Die App hilft Ihnen dabei, Dinge zu erledigen und organisiert zu bleiben.

Preis: kostenlos **In-App-Käufe: Ja**

Unsere Welt

Wo ist Ägypten auf der Weltkarte zu finden? Und wo ist eigentlich der Hindukusch? Mit Unsere Welt lernt man die Welt kennen. Das beinhaltet Länder, Städte, Flüsse, Wüsten und vieles mehr.

Preis: kostenlos **In-App-Käufe: Ja**

Vernier Video Physics

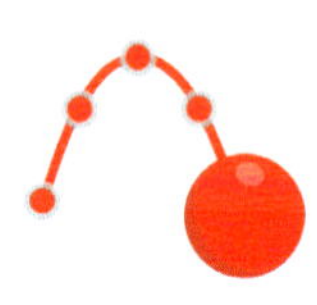

Video Physics erlaubt automatisches Tracking von gefilmten Objekten auf den iPad. Video Physics erkennt den Pfad des Objekts und zeichnet automatisch Graphen seiner x/y-Position sowie x über der Zeit, y über der Zeit und Geschwindigkeit über der Zeit.

Preis: € 5,49 **In-App-Käufe: Nein**

Wetter+

Entdecke das Wetter, plane deinen Tag und bleibe stets auf dem Laufenden! Erhalte detaillierte Informationen, animiert mit atemberaubenden Wettervideos. Einfach, schön und akkurat.

Preis: kostenlos **In-App-Käufe: Ja**

Whiteboard HD

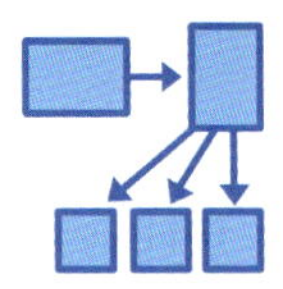

Whiteboard erleichtert die Visualisierung von Ideen, indem es die ideale Umgebung zum Schreiben von Notizen, zum Skizzieren von Diagrammen und zum Aufzeichnen von Brainstorming-Sitzungen bietet.

Preis: € 5,49 **In-App-Käufe: Nein**

Widerstand Ermittlung

Mit dieser App können Sie aus den Farbcodes von ohmschen Widerständen den Widerstandswert, die Toleranz und den Temperaturkoeffizienten ermitteln. Sie können auf einfache Weise mittels Scroll-Funktion den Farbwert für die Ringe auswählen und der Widerstandswert wird automatisch ermittelt und dargestellt.

Preis: kostenlos **In-App-Käufe: Nein**

World History Maps

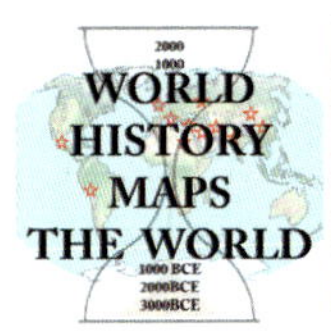

Die interaktiven historischen Karten zeigen die gesamte Welt für jedes Jahr der aufgezeichneten Geschichte. Mit den skalierbaren Karten können auch die kleinsten Länder angezeigt werden.

Preis: € 4,49 **In-App-Käufe: Nein**

Zeitrafferkamera HD

Hiermit können ganz einfach Zeitraffer-Videos erstellt werden und mit Intros, Übergängen, Effekten und Sounds angereichert werden.

Preis: € 3,49 **In-App-Käufe: Nein**

Zwanzigerfeld für iPad

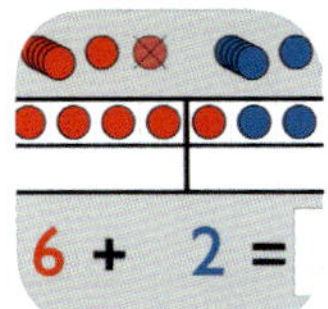

Zwanzigerfeld ist eine universelle Veranschaulichungs- und Rechenhilfe, die Kinder dabei unterstützt, das Plus- und Minusrechnen zu verstehen. Alle Additions- und Subtraktionsaufgaben mit einem Ergebnis bis 20 können mit dem Zwanzigerfeld gelegt werden. Dabei kann interaktiv entdeckt werden, wie sich die Rechenaufgaben durch Umlegen oder Drehen von virtuellen Wendeplättchen ändern.

Preis: € 0,49 **In-App-Käufe: Nein**

LearningApps.org

Was ich Ihnen jetzt noch zeigen möchte, klingt fast unglaublich, ist aber wahr und wird an vielen Schulen eingesetzt: die Website *learningapps.org*.

Wie der Name schon vermuten lässt, findet man dort eine Fülle von Lern-Apps. Aber da es sich hierbei um eine Website handelt, muss dazu nichts auf den iPads installiert werden. Es genügt, einen Browser wie Safari aufzurufen und dann die entsprechende Aufgabe (App) zu starten. Damit können alle Schüler unabhängig voneinander die dort gestellten Fragen in ihrem Lerntempo beantworten und bekommen im Anschluss daran die Rückmeldung, welche und wie viele Teillösungen sie korrekt erarbeitet haben.

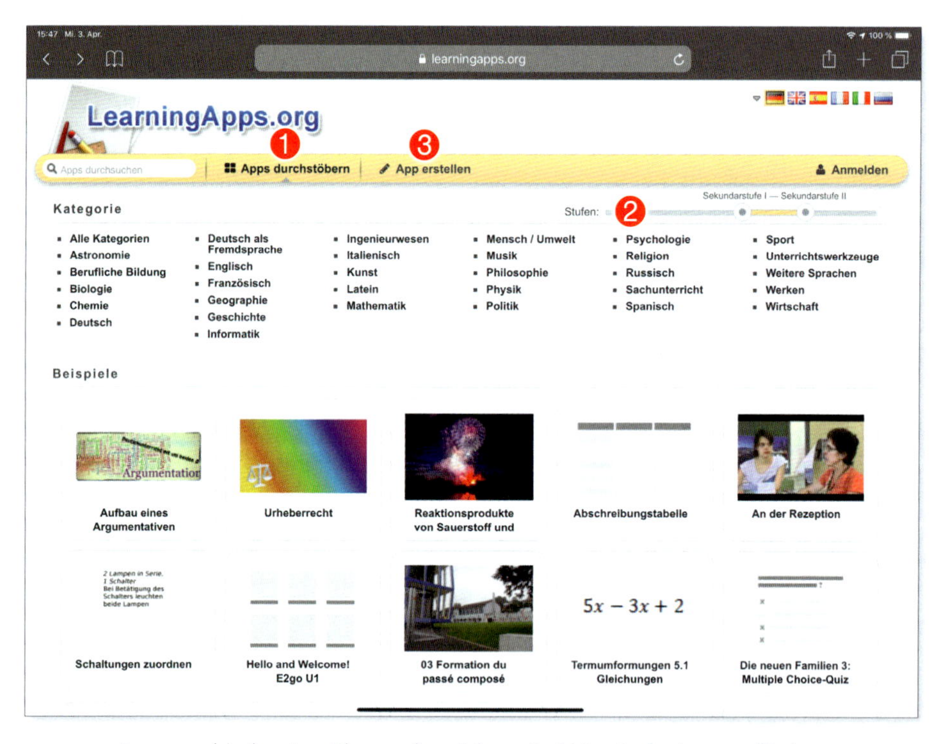

Aus verschiedensten Themenbereichen sind hier Aufgaben verfügbar.

Woher stammen diese Aufgaben? Richtig geraten – Lehrerkollegen haben diese erstellt und verfügbar gemacht. Wenn Sie auf *App erstellen* ❸ tippen, können Sie selbst Aufgaben für Ihren Unterricht bzw. Ihre Klasse zusammenstellen.

Möchten Sie bestehende Apps ausprobieren, dann tippen Sie auf *Apps durchstöbern* ❶ und setzen rechts darunter bei *Stufen* ❷ den Regler korrekt.

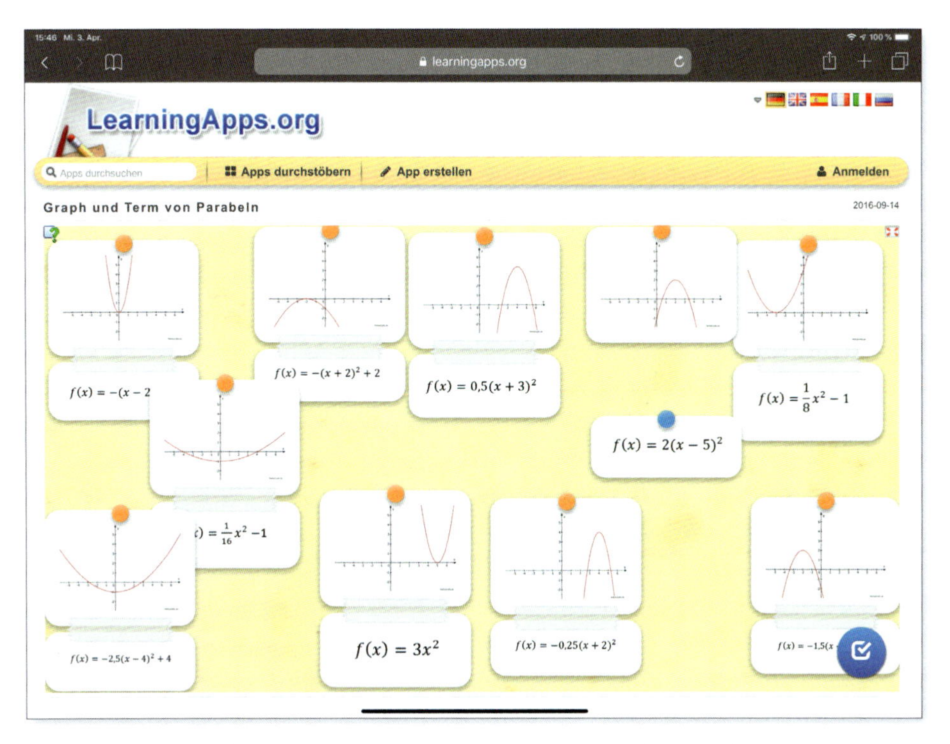

Hier sehen Sie ein Beispiel aus der Mathematik im Themenfeld Parabeln bzw. quadratische Gleichungen.

In diesem Beispiel sollen die Schüler die Funktionsgleichungen auf die jeweils passenden Graphen ziehen und dort ablegen. Die Experten unter Ihnen haben sofort erkannt, dass ich hierbei wohl wenig Sachkenntnis habe.

Wie sieht das nun konkret im Unterricht aus? Sie können beispielsweise zu Hause an Ihrem PC Apps ausfindig machen, die Sie im Unterricht einsetzen möchten. Jede App hat eine eindeutige URL und kann damit im Unterricht einfach und schnell aufgerufen werden.

Unterhalb jeder App finden Sie die dazugehörigen Links bzw. den QR-Code.

Drucken Sie nun beispielsweise den QR-Code auf ein Blatt Papier, das Sie im Klassenzimmer herumgeben lassen, sodass jeder Schüler über die Kamera direkt zur entsprechenden Aufgabe gelangen kann. Sie könnten aber auch während einer Stunde auf Ihrem iPad eine Learning-App aufrufen und via Apple-TV den QR-Code groß an die Wand werfen, sodass die Schüler ihn direkt von der Beamerprojektion einlesen können.

Worksheet Crafter (Grundschule)

Von der Website (*https://getschoolcraft.com/de/*) können Sie sich eine Testversion des Programms Worksheet Crafter für Windows oder den Mac herunterladen. Damit gelingen Unterrichtsmaterialien im Handumdrehen. Warum aber erwähne ich diese App, denn von der Sorte gibt es in der Tat recht viele? Ganz einfach deshalb, weil man mit der kostenlosen App *Worksheet Go!* (*https://itunes.apple.com/de/app/worksheet-go/id1170659258?mt=8*) die so erstellten Arbeitsblätter auf dem iPad interaktiv bearbeiten kann.

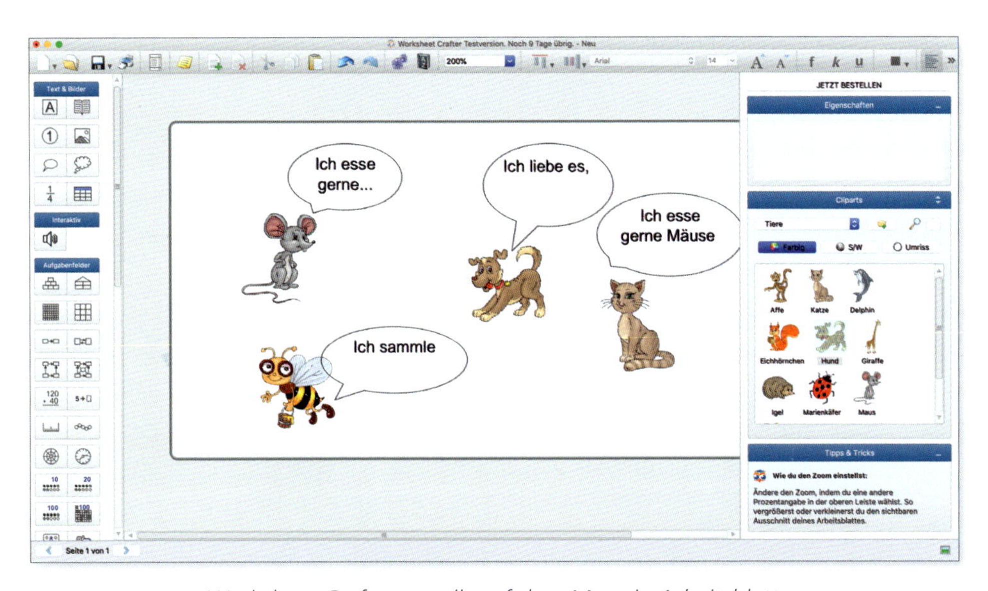

Worksheet Crafter erstellt auf dem Mac ein Arbeitsblatt.

Erstellen Sie somit am Computer eigene und differenzierte Arbeitsblätter für die Grund- und Förderschule. Mit wenigen Klicks werden diese ins Internet hochgeladen. Über einen Download-Code bzw. einen QR-Code können die Schüler dann auf diese Aufgabenblätter zugreifen und sie bearbeiten.

Kapitel 4 Weitere Materialien

Es gibt viele Schulen, die seit Jahren mit iPads im Unterricht arbeiten. Und das zum Glück nicht im Verborgenen. Einige Schulen haben Bücher bzw. E-Books erstellt, in denen sie Erfahrungen, Unterrichtsbeispiele und andere wichtige Informationen weitergeben möchten. Andere Schulen haben Web-Blogs aufgebaut, die sukzessive mit Inhalt befüllt werden. Denn eine einmal eingeführte Strategie kann sich ja auch bisweilen mal ändern. So berichten also Profis für Profis, und davon kann man bekanntermaßen am meisten lernen.

Deshalb finden Sie im Abschlusskapitel dieses Buches eine sicher unvollständige, aber dennoch sehr attraktive Übersicht, welche Bücher bzw. E-Books Ihnen aktiv weiterhelfen können. Apple selbst stellt zudem sehr interessante Lernmaterialien über den Books Store zur Verfügung. Das meiste davon ist obendrein noch kostenlos.

Abgerundet wird das Kapitel durch Internetseiten, deren Besuch sich in der Tat lohnt. Ich habe Websites aufgetan, die wertvolle Zusatzinformationen bringen, um das in diesem Buch Gesagte mit weiteren Details zu versehen.

Ich wünsche Ihnen viel Freude beim Lesen und Stöbern und Nachmachen!

Bücher und E-Books

Die Schulklasse als Autor eines E-Books. iPad-Projekt mit einer 9.Klasse

E-Book Buch

Autor: Saskia Ragg

Preis E-Book: € 16,99 **Preis Buch: € 24,99**

Tablets im Unterricht – Ein praktischer Leitfaden: iPads & Co. produktiv einsetzen und Apps didaktisch sinnvoll einbinden (Alle Klassenstufen)

E-Book Buch

Autoren: A. Hofmann, E. Franz, C. Schneider-Pungs

Preis E-Book: € 17,99 **Preis Buch: € 23,95**

iPad für Lehrer: Schulalltag vereinfachen, Unterricht verbessern

E-Book Buch

Autor: Marco Bauer

Preis E-Book: € 7,99 **Preis Buch: € 9,99**

Mobiles, kooperatives Lernen mit Tablets in der Grundstufe: Von der Wichtigkeit von Medienkompetenz in der Grund- und Unterstufe. Zur Förderung einer wichtigen Kulturtechnik

E-Book Buch

Autor: Natan Brand

Preis E-Book: € 29,99 **Preis Buch: € 39,99**

Schule: Digital macht schlau! (GEO eBook Single)

Autor: GEO

Preis: € 0,99

Pages-Benutzerhandbuch für iPad

Autor: Apple

Preis: kostenlos

Numbers-Benutzerhandbuch für iPad

Autor: Apple

Preis: kostenlos

Keynote-Benutzerhandbuch für iPad

Autor: Apple

Preis: kostenlos

GarageBand für iPad Einführungshandbuch

Autor: Apple

Preis: kostenlos

iMovie für iPad Einführungshandbuch iOS 10

Autor: Apple

Preis: kostenlos

Kreativität mit dem iPad fördern iOS 11

Autor: Apple

Preis: kostenlos

Produktiver sein mit dem iPad iOS 11

Autor: Apple

Preis: kostenlos

Kreativität mit dem Mac fördern macOS High Sierra

Autor: Apple

Preis: kostenlos

Jeder kann kreativ sein: Zeichnen

Autor: Apple

Preis: kostenlos

Jeder kann kreativ sein: Video

Autor: Apple

Preis: kostenlos

Jeder kann kreativ sein: Foto

Autor: Apple

Preis: kostenlos

Jeder kann kreativ sein: Musik

Autor: Apple

Preis: kostenlos

Jeder kann kreativ sein – Lehrerhandbuch

Autor: Apple

Preis: kostenlos

Erste Schritte mit Code 1

Autor: Apple

Preis: kostenlos

Erste Schritte mit Code 2

Autor: Apple

Preis: kostenlos

Swift Playgrounds: Programmieren lernen 1 & 2

Autor: Apple

Preis: kostenlos

Einführung in die App-Entwicklung mit Swift

Autor: Apple

Preis: kostenlos

Einführung in die App-Entwicklung mit Swift – Lehrerhandbuch

Autor: Apple

Preis: kostenlos

Das iPad in Vertretungsstunden

Autor: Viola Bauer

Preis: kostenlos

Das iPad im Mathematikunterricht

Autor: Viola Bauer

Preis: kostenlos

Das iPad im Physikunterricht

Autor: Viola Bauer

Preis: kostenlos

Das iPad im Chemieunterricht

Autor: Michael Achter

Preis: € 12,99

Das iPad im Biologieunterricht

Autor: Michael Achter

Preis: € 2,99

Das iPad im Biologieunterricht 2

Autor: Michael Achter

Preis: € 2,99

Unterricht 2.0 mit dem iPad

Autor: Thorsten Butsch

Preis: kostenlos

Unterrichten mit iPads

Autor: Nina Ulrich

Preis: kostenlos

iPad-Unterrichtsideen für den Deutschunterricht

Autor: Urs Zuberbühler Scherling

Preis: kostenlos

111 Ideen

Autor: Urs Zuberbühler Scherling

Preis: kostenlos

Innovatives Lernen und Lehren mit dem iPad

Autor: Christian Heinze

Preis: kostenlos

Mobiles Lernen in der Schule

Autor: Frank Thissen

Preis: kostenlos

Interessante Internetseiten zum Thema iPad im Unterricht

http://www.ipadatschool.de

Tipps für Apps generell und je Schulfach, Videos rund um die Themen iPad im Unterricht. Auf dieser Homepage finden Sie viele Informationen für Lehrer rund um das iPad im schulischen Einsatz. Die Seite richtet sich in erster Linie an Lehrkräfte der Sekundarstufen 1 und 2, jedoch sollten auch alle anderen Lehrer wertvolle Informationen finden.

https://www.apple.com/de/education/teach-with-ipad/

Lehrer auf der ganzen Welt verwenden das iPad, um dynamisches Lernen zu etablieren. Schauen Sie sich an, wie Lehrer ihre Unterrichtsstunden von Anfang bis Ende mit Apps, Büchern, Filmen, Musik und mehr verbessern.

https://www.apple.com/de/education/products/

Überblick über Apple-Produkte (Hard- und Software) für den Einsatz in Schulen bzw. Unterricht.

https://www.real-euro.de/schule/medienreferenzschule

Einblicke in die Arbeit mit iPads an der Realschule am Europakanal in Erlangen.

https://villawewersbusch.de/schulentwicklung/#_Apps%20für%20den%20Unterricht

Die Villa Wewersbusch ist ein von Apple anerkanntes Zentrum für Innovation, Führungsqualität und hervorragende pädagogische Leistung. Unterrichtsinhalte werden mit der Lernplattform iTunes U digital bereitgestellt und sind jederzeit verfügbar.

https://tablets.schule

Eine Plattform, die App-Tipps, Blogs und jede Menge Videos rund um das Thema „Tablets in Schulen" bietet.

https://www.eduxpert.de

Die Internetseite bietet Unterstützung beim digitalen Klassenzimmer und hält Unterrichtsmaterialien und Veranstaltungshinweise bereit.

https://mobile.schule/material-2018/

Diese Internetseite teilt Materialien zu Vorträgen rund um das iPad an Schulen.

http://oberschule-gehrden.de

Hier können Sie nach Voranmeldung gerne mal Unterricht mit dem iPad „live" miterleben.

https://www.apple.com/de/education/apple-distinguished-schools/

Apple Distinguished Schools sind Zentren für Führungsqualität und hochwertige Bildung, die Apples Vision des Lernens mit Technologie veranschaulichen. An den Apple Distinguished Schools werden iPads in allen Facetten eingesetzt.

http://ipad-schule.ch

Diese Schweizer Internetplattform bietet Hinweise zu Apps, E-Books und Veranstaltungen.

https://ipad-in-der.schule

Auf dieser Internetseite finden Sie Unterrichtsbeispiele, Tutorials und App-Empfehlungen.

https://www.tablet-in-der-schule.de

Diese Website beinhaltet aktuelle Meldungen und Ideen für Tablets an Schulen sowie App-Empfehlungen.

http://www.messelbergschule.de/index.php/presse-tv/tv.html

An der Messelbergschule in Donzdorf wird mit DiLer (*https://www.digitale-lernumgebung.de*) gearbeitet.

https://www.realschule-pindl.de/realschule/leistungen/ipad-schule

In der privaten Realschule Pindl werden iPads in einer 1:1-Umgebung eingesetzt.

https://www.augsburger-allgemeine.de/augsburg/Auf-dem-Weg-zur-besten-Schule-Deutschlands-id32891227.html

Ein Artikel über den Einsatz von iPads am Maria-Ward-Gymnasium in Augsburg https://www.augsburger-allgemeine.de/augsburg/App-soll-den-Schul-alltag-einfacher-machen-id43840581.html

Ein Porträt des Maria-Ward-Gymnasiums in Augsburg, in dem iPads im Unterricht eingesetzt werden

https://integrate2learn.de/2017/07/05/digitale-taxonomie-samr/

An der Josef-Durler-Schule in Rastatt wird nach dem MiFd (Modell individuelle Förderung digital) unterrichtet. Auf der Webseite sind die Prinzipien beschrieben.

https://wes4punkt0.schule

Die Walter-Eucken-Schule in Karlsruhe nutzt ebenfalls iPads im Unterricht und bietet jedes Jahr ein Event zu diesem Thema an.

Index

Weitere interessante Bücher und E-Books
rund um die Themen Apple, iPhone, iPad, Apple Watch und Apple TV
finden Sie unter www.amac-buch.de.